JN055357

某月某日

シネマのある日常

山田 稔

編集工房ノア

某月某日——シネマのある日常

装幀　山田　稔　森本良成

はじめに …… 7
シネマ、夢うつつ …… 10

＊

某月某日——シネマのある日常（一九九二—九六）
一九九二年 …… 18
一九九三年 …… 84
一九九四年 …… 137
一九九五年 …… 204
一九九六年 …… 260

＊

Occupied Japan の青春 …… 318

はじめに

私は一九八九年九月から約二年間、朝日新聞（大阪版・夕刊）でほぼ隔週に「シネマのある風景」と題するコラムを連載した。

映画の評論家でもマニアでもないたんなる映画好きが、みた映画（主にアート系の外国映画）の感想を自由に書きつづる――これが連載をはじめるに当っての私の基本的姿勢であった。

連載終了後、これにあらたなエッセイを加えた単行本『シネマのある風景』が一九九二年六月にみすず書房から刊行された。

その間に、連載の余熱とでもいうか、映画の話を書く習慣がついてしまい、「シネマのある風景」の続きのようなものを「シネマのある日常」と題を改めて同人誌「VIKING」五三七号（一九九五年九月）から連載しはじめた。「日常」としたのは、今回は映画の感想以外に身辺雑記風の文章を交えたからである。

しかしこの連載は私の事情により第九回で打ち切られた。

ところが最近、コロナ禍による長い逼塞のなかでそれらの文章をふと思い出し読み返してみて、未完のまま残されているものに筆を加え、さらに大幅に書き足して完結させることを思いついた。

取り扱う期間は、朝日新聞連載終了後の一九九二年から、私の映画熱の冷めはじめた一九九六年のおわりごろまでとした。映画熱といったところで私の場合、せいぜい年に五十本程度（映画館でのみ）にすぎないが。

その五年間にみてとくに印象に残った映画の感想と当時の私の日常の一端を、もっぱら手許に残るわずかな資料と日記の記述、そしてかすかな記憶を手がかりに文章化したのが本篇である。

結果として「日常」つまり日録風のものが大幅にふえた。そこでこの際、書名を「某月某日」と改め、「シネマのある日常」は副題にまわすことにした。

なお冒頭に、同じころに書かれた映画エッセイを序章の代りに掲げた。

二〇二一年十二月　　山田　稔

シネマ、夢うつつ

　ここ数年、日本全国で週に一館の割で映画館が消えているそうだ。過去三十年の間に四分の一にまで減った。その一方、大都会では主にヨーロッパ系の映画を上映する小さな映画館が生まれて、私はその恩恵をこうむっている。だがこれも何時までのことか。

　映画はやはり映画館でみなければ身が入らない。ビデオでなら、また好きなときに見られるし、途中で巻きもどして同じシーンをくりかえし見ることもできるだろう。こちらはそんな余裕のある（いや、たるんだと言いたい）気分ではないのだ。一回かぎりのつもりで一つの表情、一つの動作、一つのセリフを記憶に刻みつけておこうと暗闇に息をこらし、食い入るように画面を見つめている。一期一会の心境である。この緊張感がなんとも言えずこころよい。そのくせ、ときどきふうっと眠気におそわれたりするのだからおかしい。

と、まあこんなわけで、昨年春、湾岸戦争のさなかパリに滞在していたときも、爆弾が仕掛けられている危険も知らずにカルチエ・ラタンの小さな映画館に足を運んだ。ちょうど、宿から歩いて行ける距離にあるリュクサンブール公園わきの小屋で、「プラハの春」と題してチェコスロヴァキアの映画を十本ほど日替りで上映していたので、日中の気温マイナス十度の酷寒をおして日参した。

おかしなことに私はフランスに行くたびにフランス映画は後まわしにして、イタリアや中・東欧の映画をみる。私の滞仏体験のひとつひとつに、これら外国映画の感動の記憶が消しがたく印されている。アンジェイ・ワイダ、エットレ・スコーラ、テオ・アンゲロプロス、クシシュトフ・キェシロフスキ。ワイダを除き、これらすぐれた監督の作品をはじめてみたのもパリでだった。

「プラハの春」に足を運びながら、二十五年ほど前はじめてパリで暮らしたとき、「ポーランド映画の十年」という特集をみたことを思い出した。毎晩、街はずれの下宿からメトロでオデオンに出てさらに二十分ほど歩き、五区のユルム通りにあったシネマテークに通ったものだった。

そのときみた十本ほどのポーランド映画のうち、忘れられないのがワイダの「サムソン」（一九六一）である。ドイツ軍占領下のワルシャワ。ゲットーを脱出し当局に追われるユダヤ人青年が、知り合いのユダヤ人女性の家にかくまわれ、彼女の身にも危険が迫ると別の女性の家の地下室に隠れる。ある日、ゲットーでのユダヤ人蜂起のニュースを耳にした青年は矢も楯もたまらず、制止を振り切って隠れ家を出て、瓦礫と化したゲットーにもどり、ドイツ兵と戦って殺される。――主人公や俳優の名前は忘れたが、話の大筋はほぼこのようなものだったと思う。「サムソン」とは言うまでもなく、主人公を旧約聖書の古代イスラエルの英雄にたとえたものだ。

この映画に私はワイダの名作「地下水道」や「灰とダイヤモンド」以上に感動した。とくに庇ってくれる女性の愛情を振り切り、絶望的なたたかいへ、死地へとおもむく青年の止むに止まれぬこころのうちに共感を禁じえなかった。みおわってから、なにか大切な重たいものをふところに抱えこんでいるように身を固くして、人気の絶えた街はずれの夜道を下宿へ足を急がせたことを思い出す。

当時、私はブーローニュの森近くの、教養ゆたかな独身老人の家に下宿させてもらっていたが、フランスの芝居には目もくれず、ポーランドなどという「辺境」の映画をみるため毎晩外出する日本の「フランス文学のプロフェッサー」の姿が、彼にはさぞ奇異に映ったことであろう。

だが、はじめて異国でひとり暮らす私の孤絶感は、フランス芸術の洗練によっては癒されなかったのだ。映画だけでなく文学でも、そのころの私の読んでいたのはジョージ・オーウェルや、あるいはフランス人ではあるが正統から外れた異端の作家ドリュ・ラ・ロッシェルだった。十年後の二度目の滞仏のときにはパヴェーゼ、あるいはちょうど仏訳の出はじめたクンデラを読んでいた。

先日、ヨーロッパの文学を専攻している学生数人とおしゃべりをしていて、たまたま映画の話になった。テレビで「灰とダイヤモンド」をみたというのがいたので感想をたずねると、とくに感動もしなかったと言う。意外に思い、いろいろ聞いてみると、第二次大戦直後のポーランドの政治状況について無知であることがわかった。それでは主人公マチェックの心情が理解できるはずがない。いや、この映画だけでなく現代の文学や映画を理解するためには、もっと現代史を勉強しなければ……と、つい教師面してしゃべっているうちに、ふとあることを思い出した。

おなじワイダの「大理石の男」をはじめてみたのもパリで、たしか一九七八年のおわりごろだった。あの映画が作られたのは一九七七年だが、政治的理由から国外での公開がおくれたのだった。六区のオートフイユという小さな通りの映画館でみた。五〇年代の労働英雄ビルクートの生涯について記録映画をこしらえるため、映画大学の女子学生アグニェシュカ（クリスチナ・ヤンダ）がいろいろな人にインタヴューし、ビルクートの息子にも会いに造船所を訪れる。そして彼の口から父親の死を知らされる。

この映画もまたポーランドの現代史の知識ぬきでは理解できないが、多少は知っているつもりの私にも不明な点があった。とくに肝心なのは往年の労働英雄の死。彼は「死んだ」のか「殺された」のか。どんな状況のなかで？

感動のどこかに綻びがあって空気が洩れる、そんな釈然とせぬ思いにとらわれて私は映画館を出た。ふとそのとき、いま前後して出て来た長身の痩せた学生風の若者の姿が目についた。私はとっさに呼び止め、あの労働英雄の死について説明してくれないかとたずねた。青年はべつに驚いた風でもなく静かな口調でこう答えた。あれは多分、一九七〇年十二月のグダンスクでのストライキで殺されたのだ、と。

「メルシー」と礼を言いながらも、私はいぜん腑に落ちぬ顔をしていたにちがいない。「グダンスク」(たしか彼はそう発音した)とはどこなのか、七〇年十二月のストライキとは何なのか。——と、新たな疑問をかかえこむことになったが、当時の私はその程度に無知だったのである。

「大理石の男」には、クリスチナ・ヤンダのジーンズに包まれた長い脚の強烈な印象とともに、あの行きずりの青年の姿の記憶が結びついている。暗く内に向けられた、しかし一抹のやさしさのただよう表情、口ごもるような喋り方。ひょっとしたらポーランド人だったのではあるまいか。——こんな空想にふけっているとすべては夢うつつ、あのパリの路上での情景すら映画のなかの一コマであったように思えてくる。これも私の「シネマのある風景」に付け加えておきたい一景である。

(「新潮」一九九二年九月号)

某月某日——シネマのある日常（一九九二―九六）

一九九二年

（一九九〇年）

某月某日

京都駅近くのビルの四階にあった名画座ルネサンスホール（ＲＣＳ）――ここではリリアン・ギッシュ、ロバート・ミッチャム共演の「狩人の夜」やマリアンネ・ゼーゲブレヒト主演の「シュガー・ベイビー」などすばらしい映画を見せてもらったが、そのルネサンスホールがレストランに改築されるため退去を求められているらしい。ただしＲＣＳは活動の拠点をみなみ会館に移して活動を継続すると聞いて安心した。今後はこのみなみ会館と、数年前に朝日会館四階に開館した朝日シネマとが私がシネマを夢見る主な場所となるだろう。

さてそのみなみ会館だが、それは京都駅の南、九条通りの西のはずれにあるらしい。一体どんなところか。名画座にしては座席が豪華といってよいルネサンスホールほどのものは期待できないが、まずは様子見をかねて「ロザリー・ゴーズ・ショッピング」（一九八九）という西ドイツ映画（あのマリアンネ・ゼーゲブレヒトが出るのだ）を見に出かけたのは一九九〇年の秋のおわりごろだった。

家を出て十数分歩き、松ケ崎駅から地下鉄で京都駅へ、そこで近鉄奈良線に乗り継ぎ一駅目の東寺駅で下車。さらに徒歩約五分、九条通りに面したところに目指す場所はあった。家を出てから小一時間。一階がパチンコ屋でチンジャラチンジャラと景気のいい音の洩れ出る店のわきの狭い急な階段をよじ上ったところに券売機があり、小さな硝子扉を押して入ると、なかはひっそりしている。ホールは意外なほど広く、客席はざっと百五十はあろうか。そこは元はポルノ映画館だったそうで、ひまそうにしている受付のおばさんは「ここはやっぱし洋画はあきまへんな」と諦めたような笑みをうかべた。だが元が何であれ、そこは私がこれから足を運ぶ大切な場所となるのだ。

さて一九九二年。

正月

元日は生島遼一、桑原武夫両先生の、二日は茨木の富士正晴さんのお宅に年始にうかがうのが長年の仕来りになっていたが、いまはそれもなくなり、また来客もないのでのんびりと雑誌に目を通したり、年賀状の返礼を書いたりして過ごす。

みなみ会館は何をやっているだろうと新聞をみると「魔人ドラキュラ」と出ている。ずいぶん古い映画だがおもしろそうだ。正月向きか。手許にある『アメリカ映画二〇〇』(キネマ旬報社、一九八二)で調べてみると監督はトッド・ブラウニング、一九三一年作とある。ドラキュラ伯爵を演じるのは最初はロン・チェイニー、あの「千の顔をもつ男」が予定されていたが死んだので、ハンガリー出身のベイラ・ルゴシに替ったのだそうな。私の知っている外国の怪奇映画役者はチェイニーだけなので比較はできない。

話の筋は紹介するまでもあるまい。見せ場のひとつは、夜会服に黒マント姿の主人公が美女の首すじに噛みつき血を吸う場面だが、私はエロティシズムを感じるどころかつい笑ってしまった。それでも十分好奇心はみたされ、正月映画としては合格。

この作品が一九三一年(つまり私の生まれた翌年)のヴァレンタイン・デイにニュ

ーヨークで公開されたときは長蛇の列ができた由。ドラキュラ役のルゴシのもとにはファンレターがどっさりとどいたが、その九割が女性だったという。

さて、それから約六十年経ってこちらは京都のみなみ会館。映画が終り場内が明るくなって見まわすと誰もいない。百五十席ほどあるなかで客は私だけ。この一年のわがシネマ・ライフを占うごとくに。

某日

日本小説を読む会（以後「よむ会」と略）三六三回例会。

これまでは新年は宴会場を兼ねて東山荘の座敷を用いていたのが、先方の営業上の都合で今後使用できなくなり、いつもの京大楽友会館でおこなうことになる。取り上げる作品は河野多恵子『みいら採り猟奇譚』（一九九〇）、報告者・飯沼二郎。都合がわるくなった多田道太郎の代打だが、ほめる。「リアリズム小説の枠の中にがっちり非リアリズム小説が、はめこまれている」、「戦争の激化が異常性欲激化と平行して進んでいくという構成は巧みである」云々。

討論は相変らずの毀誉褒貶、「サド・マゾというのには別に新しいとこない。そうした観念の貧弱さを隠すために生活的ディテールを書きこみすぎて、長編小説として着ぶくれしている」などと私は発言している。
新年宴会は例年のすき焼でなく、会場別室での立食パーティー。これでは正月気分は出ない。

某月某日
パトリシア・スタインホフの『日本赤軍派　その社会学的物語』（木村由美子訳、河出書房新社、一九九二）[*]を読む。最近これほど熱心に読んだ本はまれだ。同世代とはいわぬまでも、大学のキャンパスで赤軍派にぞくする学生たちと親しく口をきいていた者として、無関心ではいられないのだ。
著者のパトリシア・スタインホフは一九四一年生まれ、ハワイ大学社会学部の教授。ミシガン大学で日本語を習得した。テルアビブ事件の調査がきっかけで連合赤軍事件の研究をはじめ、二十年かけて当時の関係者から聞き取りをおこない、多くの文献に目を通した。この本は普通の翻訳書と異なり最初から日本の読者のために書き下ろされたものだという。原題は *Deadly Ideology*、「死を招く、あるいは死に至るイデオロギー」とでも訳すか。

私もまた若いころ、この不吉なイデオロギーの影響をうけた者のひとりだ。

「イデオロギーの危険な役割」という章で著者はつぎのように書く。

「われわれ全員が、連合赤軍事件のような悲劇の、被害者にも加害者にもなりうるのである。そしてそのような悲劇は、革命後にも、革命前と同様に起こるのだ。それらは、イデオロギー上の信念が、われわれの目や耳や心でとらえたことよりも真実だとされているかぎり、そして組織の結合や指導者の権威が、個々人のノーといえる可能性を踏みにじってしまうかぎり、なんどでも繰り返し起きるだろう。」（傍点引用者）

われわれは連合赤軍事件を忘却の彼方に押しやって生きてきた。しかしこういう時代を共に生きてきたのだと痛切に思う。

＊のち岩波書店から同じ訳者で『死へのイデオロギー——日本赤軍派』と改題して再刊（岩波現代文庫）。

某月某日
新年早々、久しぶりに痔が痛みだす。年末年始の酒が祟ったのだ。いやそれよりも最近、翻訳や仏和辞典改訂の仕事で長時間椅子に坐りつづけることが多くなったせいだろう。肛門周辺の鬱血で血が濁る。だから「ち」に点々で「ぢ」、血が濁って痔、そんな説明を以前誰かから聞いたことがある。

痛みがひどくなったので、大学で授業のある日の朝一番で大学の保健センターで診てもらう。

三十前後のインターンみたいな若い医師は寝不足なのか、それとも朝から痔なのにうんざりしたのかひどく無愛想で、患部をちょっとのぞいただけで何の説明もせずにデスクにもどりカルテに何やら記入しはじめる。ズボンを元どおりにしながら私が痔歴（過去の痔の手術など）を説明しはじめると、そばから年配の看護婦が「では坐薬をお出ししときますから。おだいじに。——はい、つぎの方」と体よく追い出される。

某月某日

久しぶりに内田百閒『間抜けの実在に関する文献』を読み返す。

世の中に人の来るこそうるさけれ　とはいうもののお前ではなし
世の中に人の来るこそうれしけれ　とはいうもののお前ではなし

こんな貼紙を自宅の玄関にする狷介な百閒も捨て難いが、こんど読んだ「長春香」でまたいちだんと好きになる。関東大震災で行方不明になったドイツ語の教え子の女子学生の死体を探しまわったあげく、彼女の家の焼跡でみつけた花瓶を拾って家に持ち帰って、まだ温《ぬく》みの残るその肌をなでて涙を流す。そして長春香をたき、他の学生たちと闇汁で追悼会をひらく。――そんな百閒の姿に感動する。やはり百閒は丸ごといい。

某月某日

シネマ、久しぶりだ。正月の「魔人ドラキュラ」以来かもしれない。

大阪の扇町ミュージアム・スクエアで、「ソビエト映画の最期」という特集をやっている。この「最期」に惹かれ、上映される六本のうちの最初の作品「自由はパラダイス」(一九八九)をみに出かける。監督のセルゲイ・ボドロフは期待の新鋭とか。

十三歳の非行少年サーシャは自由に憧れ、何度もアルマ・アタの少年院を脱走する。アルマ・アタはソ連邦のカザフ共和国の首都、大変な辺境である。サーシャは手にSER(「自由はパラダイス」を意味する略語らしい)と入れ墨をしているので、脱走してもすぐ身元がばれ連れもどされる。それにもめげずに脱出し、はるか遠く離れた北の町アルハンゲリスクの刑務所に入れられている父親に面会に行く。その逃避行というか苦難の旅の間に暴かれるソ連社会の裏面の描写が興味ぶかい。だが何よりの魅力はサーシャ（ヴォロージャ・コズイリョフ）。自由に憧れるその少年の面《つら》だましい、こころとからだの躍動感。サーシャを演じるのは実際に少年院にいた素人の少年だという。

ところでアルハンゲリスクとは何処か。地図で調べてみた。モスクワのほぼ真北のはるか地の果て、白海に面した港町。たしかここにはソ連艦隊の基地もあったはずだ。アルマ・アタからアルハンゲリスクへ。自由を、そして父を求めての、気の遠くなるような旅。それだけに見おわったあとの感動も大きい。傑作だ。

某月某日

夕方、鴨涯の生島家へ。今月一杯で家を出るよう家主から言われているので、養女の香苗さんがお別れの夕食会に招いてくれたのだ。天羽均、佐々木康之、杉本秀太郎、西川長夫、松本勤、山田稔。毎年正月に先生に招かれていたいわば愛弟子たち。女性がひとりもいない。

書籍類の運び去られた八畳の間は妙にだだっ広い。床の間にはまだ先生の好きだった浮世絵が二、三枚飾ってある。

浴衣姿で両手を膝におき正面を向いた先生の遺影にむかって合掌。

さて会食となって、七人前注文してあった料理が六人分しかとどいていないことがわかる。「生島さんのいじわるるや」とみなが笑う。昨年の初七日の会席は世話人の佐々木の人数の計算違いで一人分足らなかった。先月の納骨の日の会食では、これは先方のミスで一人分不足だった。これに懲りた香苗さんが三度も電話して念をおしておいたのに、とこぼす。こんなことは珍しい。やっぱり生島霊のいたずらか。

料理が揃うのを待たずにビールを飲みはじめるが、寒い。ヒーターが入っているのに。

「死」の話になる。佐々木が「早う死にたい、ボケるのがこわいから」と言う。「もうボケてるやないか」と誰かがまぜ返す。そのうち料理が揃い、にぎやかになる。

香苗さんの話によると、ある時期、生島先生は祇園の芸者に熱をあげていたそうな。奥さんはちゃんと知っていて、先生を送り出すとき「どうせ欺されて来やはるんやから」と言っていたという。大笑い。どこも女房の方が上やなあ。……

先生の退官記念の最終講義のビデオ（ＮＨＫ撮影）が見つかったというので見せてもらう。一九六八年三月、大学紛争の始まる少し前、大学のよき時代の最後だ。講義の題は「『クレーヴの奥方』からヌーボーロマンまで」。先生の若々しいこと。風呂敷包みをほどきながら「大風呂敷から何が出てくるかわかりません」と例の照れたような口調でしゃべる。二十世紀小説のことに話がおよんだとき、先生が聴衆のなかの誰かに向かって「小説家いかがですか」と意見を求める。そのときのことを思い出し、もう一度冷汗をかく。

某月某日

五月下旬というのに気温の低い日が続いている。「寒い」という言葉がつい口から洩れそうだ。ふと以前パリに住んでいたころ、六月に暖房を入れたことを思い出す。

大阪の扇町ミュージアム・スクエアでスペイン映画「歌姫カルメーラ」というのをやっているが、大阪まで足をのばすのは今日はちょっとしんどい。京都の新京極の菊映（菊水映画劇場）でやっているアメリカ映画「わが街」（一九九一）にしておく。題名が気に入った。それに監督のローレンス・カスダンは、私が好きだった「偶然の旅行者」(一九八九)をとったひとである。

三条河原町に着いたとき、まだだいぶん時間があったので、朝日会館三階の喫茶店で時間をつぶす。この店はBGMがなく照明も明るい。

寄贈された黒井千次『捨てられない日』を読みつぐ。喫茶店で本を読むのは何年ぶりのことか。小説はテレビドラマ風の軽い調子のもの。東京の若いサラリーマンの生活感覚ってこんなのか。新聞の連載小説だからか、気の毒なほどさっと読める。

さて菊映。ここに入るのもまったく久しぶりのことだ。観客数およそ十名。これは何時ものことゆえ驚かない。

原題は「わが街」ならぬ「グランド・キャニオン」。なぁんだ。場所は現代のロサンゼルス。黒人と白人の対立、そして友情。夜の街を走る黒人の少年をパトカーが追いかけ止まれと命じ、拳銃をつきつけて手錠をかけるといったロスの黒人暴動の背景にあるようなエピソードがつぎつぎ出てくる。しかしうまく組み立てられておらず、散漫な印象しかあたえない。

登場人物の一人がこんなことを言う。

「アメリカ社会には、白人と黒人、持てる者と持たざる者との間にグランド・キャニオンほどの裂け目がある」。ここで原題の意味がやっとわかる。最後に白人の家族と黒人の家族が車でそのグランド・キャニオンに出かけ、いっしょにその情景をながめるところで映画は終る。

このなかで、黒人の男が苦労の連続であった父親の生涯をふり返り、その父親にむかって「なぜ八十までも生きたのか」とたずねるところが印象に残った。父親はこう答えるのだ。

「習慣だよ」

某月某日

昨年、カンヌのパルム・ドールをとった「バートン・フィンク」（監督ジョエル・コーエン、一九九一）がおもしろそうなので大阪は梅田茶屋町のテアトル梅田に出かける。

ブロードウェイの劇作家がハリウッドの映画会社からシナリオを依頼され引き受け、安ホテルの一室に閉じこもるが、注文どおりのハリウッド調のシナリオが書けず四苦八苦する。旧式の丸い眼鏡をかけたバートン（ジョン・タトゥーロ）のどこか滑稽な独特のマスクがいい。やがて彼は思わぬ殺人事件に巻きこまれ、次々と奇怪な事件が生じる。迫力満点、じつにおもしろい。

その話を佐々木康之にしたら、伝え聞いたT君が早速見に行って葉書をよこした。

「大傑作。このような映画が出てくるアメリカという国はやはり凄いです」と。

私の宣伝がよほど効いたのか、めずらしく福田紀一も見て、おもしろかったと電話してきた。

今日はまた、元全共闘のリーダーでいまは外科医をしているK君から診療所開業の挨拶状がとどき、そこに「開業までの間に「バートン・フィンク」を見たいと思っていいます」と書き添えられていた。まさに「バートン・フィンク」デイである。なんだろう、これは。

某月某日

「よむ会」は三六五回に富士正晴の『競輪』を取り上げたが、そのときの会報三五五号に福田紀一が「一九五四年」と題する興味ぶかい文章を書いている。

一九五四年というのは富士正晴の『競輪』が「新日本文学」（五月号）に発表された

年だが、その春に福田は富士から葉書を三枚受け取った。最初の二枚は彼が「ＶＩＫＩＮＧ」に発表した小説「めくら・かめら」の感想で「文章は実に下手糞だが、大変面白くよみました」といった内容だった。

その年、福田は大学院に籍をおきながら就職口を探していて、やっとある人の紹介で大阪の私立高校に英語の教師の職を得、楽しく勤めていたが、このままでは小説が書けなくなると危機感をおぼえはじめ、東京に出ることについて富士さんに相談の手紙を書く。すると七月二十八日付で返事がとどく。発信地は「東京、文京、表町一〇九　野間方」。

「お手紙拝見しました。僕《ママ》の考えとしては上京あまり感心しません。作家に会ってみたって仕方ないように思います。会ってみて判ることは、書いたものを見て判ることではありませんか。それにあなたが会ってみたら良いだろうと思う作家をわたしは知りません」（以下略）。

それでも福田は十二月に勤めをやめて「何の目的もないまま」東京へ出発する。そして何人の作家の顔を見たか知らないが、「ＶＩＫＩＮＧ」東京ブランチで小沢信男、大倉徹也らを知って、一年あまりで大阪にもどって来るのだ。

ところで、大の東京嫌いの富士さんは、一体何をしに東京に行っていたのだろう。一九五四年、それは私にとっては京大人文科学研究所の助手に採用されるという人生の節目となる年だった。

某日

痔のぐあいを気にしながら、午後寒いなかを大阪のシネマ・ヴェリテへ。キェシロフスキの「愛に関する短いフィルム」（一九八八）。これは以前パリで「デカローグ」（「十戒」）の第六話として見て感動した傑作で、『シネマのある風景』でも絶賛しておいたが、前回より細部がよくわかった。ラストシーン、やはりすばらしい。

某月某日

これまで京大教養部になかったイタリア語の講座がこの春から開かれる。この機会にと学生に混じって聴講することにきめ許可をもらう。

午後二時半、自分が担当するフランス語の授業を終えると学生に早変り、A号館地下の六番教室に急ぐ。すでに満席で、やっと最前列にひとつ空いた席に着席。その後もふえて百人ちかくになる。後方に立っている者も二、三。はじめてのイタリア語講座とあって珍しく、のぞきに来たのもいるだろう。

講師は文学部イタリア文学科教授のS先生。満席の教室にびっくり。私より十ほど若い元気そうなひとで声も大きい。目の前の私の方をちらと見て、あとは無視してくれる。さぞ目ざわりだろうと気の毒になる。

第一日目は発音の説明。イタリア語の発音が日本語といかに似ているか。早速ダンテの詩を黒板にに書きローマ字風に学生に読ませ「ほら、もうイタリア語が読めました」と笑わせる。

つぎに動詞の話。イタリア語はフランス語同様、動詞の人称による語尾変化を憶えるのは容易ではない。

「変化を間違えても意味は伝わりますよ。意味は伝わりますが、きみの不勉強も伝わります」。先生はそう言ってまた学生を笑わす。

うーむ。よし、オレもその手を使ってみるか。しかし私に残された機会はもうわずか。

なごやかなうちに授業は終る。〈お邪魔しました〉。胸のうちでそうつぶやき急いで教室を出る。
学生に混じっての六十の手習い。いくぶん若返った気分。いつまでつづくか。

某日
夕方、蹴上の国際交流会館で米・仏・ポーランド合作の「神父暗殺」（一九八八）をみる。上映前にポーランド大使が日本語で挨拶、同時にアグニェシカ・ホランド監督のメッセージも披露する。
映画は「連帯」支持の神父を誘拐し殺害する公安警察の男を主人公としたもの。実話にもとづくものらしい。人間の描き方が不十分だが、神父より警察の側に視点をおいているのがおもしろい。

某月某日
富士正晴『碧眼の人』（編集工房ノア）がとどく。これは廣重聰、杉本秀太郎と私の三人で編集したもので九篇から成り、「あとがき」を私が書いている。日ごろ寡作な富士正晴が一九七〇年代なかばから後半にかけてめずらしく多くの作品を文芸誌に発表した。それはちょうど彼独自の融通無碍の境地、「八方やぶれ」のスタイルの完成期と重なる。この重要な時期に書かれた作品のうち『富士正晴作品集』（全五巻、岩波書店、一九八八）に収めることのできたのはわずか二篇、その欠落を埋めるべく編まれたのが本書なのだが、はたしてどれほどの読者がえられるか。

某月某日
今日もまた国際交流会館に足を運び、オーストラリア映画「ある老女の物語」（一九九二）をみる。邦題は「老女の」となっているが原題では *A Woman's Tale*、「一女性の」で、「老」などどこにもない。このちがいは大きい。たしかに老人たちの物語ではある。しかし問題は「個人」なのだと思う。八十代の独居生活。すさまじい日常。そこに示される独立心、生の意欲、そしてユーモアのセンス……。そのエネルギーに圧倒される。これはやはり「老」ではなく「個」の問題なのだ。

しばらく前に読みおえたメイ・サートンの『独り居の日記』（武田尚子訳、みすず書房）のこと。こちらは *Journal of a Solitude*。

訳者の解説によれば、メイ・サートンは一九一二年ベルギーに生まれアメリカで成人した。父は有名な科学史家、母は画家。長じて詩や小説を書いたが時流から外れた目立たぬ存在で、筆だけでは生活できず二、三の大学で教えた。ところがある作品のなかで同性愛を告白したため大学を追われ、予定されていた本の出版までも中止になる。そこで北のはずれ、ニューハンプシャーの田舎町ネルソンに十八世紀に建てられた広大な陋屋を買い、世間から離れた孤独な生活をはじめる。この本はその土地での年間の暮らしをつづったものだ。作者五十八歳。

「さあ始めよう。雨が降っている。」

「日記」はこう始まる。

「何週間ぶりだろう、やっと一人になれた。〝ほんとうの生活〟がまた始まる。」

以下、孤独な生活のなかでの思索、瞑想がつづく。こんな言葉もある。

「逆境こそ私にふさわしい風土だ。私の内部の人間は、逆境で栄える。」

共感をもって読みすすむにつれ、しだいに息苦しくなってくる。しんどいな。なにか俗なことがないと窒息しそうだ。孤独は文学者にとって両刃《もろ》の剣みたいなものではなかろうか。孤独は度をこすと文学、すくなくとも私の考える文学（小説）の根を枯らすように思う。カミュの『ヨナ』を思い出す。孤独か連帯か、solitaire か solidaire かの問題に直面する芸術家。孤独にとじこもって餓死するヨナ。

某月某日

午前中、『シネマのある風景』の校正刷に目を通し、多少加筆。

午後大阪へ。テアトル梅田で「幸福」以来好きになったアニエス・ヴァルダ監督の「冬の旅」(一九八五)をみる。

冬、ひとりでフランスの田舎をキャンプしながら放浪の旅をつづけ、ついに飢えと寒さで野垂れ死する娘の行動をドキュメンタリー・タッチで追う。彼女に一宿一飯の世話をするさまざまな人の応対の仕方などが興味ぶかい。佳作。

某月某日

夜、飼猫のニャン(メスの三毛)の様子がおかしくなる。吐いたり、下したり。苦しそうに鳴きつづける。

翌日。

ニャン、元気なく寝たまま。もう十七歳だからそろそろ寿命かとも思う。医者に連れて行くべきかどうか慶子と相談する。眠っているのを起こして連れて行くのは可哀そう、このまま死なせてやろうなどと言いつつ、結局いちどは診てもらうことになり、夕方慶子が近くの獣医に連れて行く。

帰ってきてからの話。ニャンは腎臓の病気で、しばらく前からしきりに水を飲み尿もふえたのはその徴候とのこと。まだ老衰はしていない。元気な猫は二十五年生きるそうな。

注射が効いたのか、すこし元気になる。

翌日。

ニャンを医者に連れて行く。また注射。抗生物質の薬をもらってくる。もうかなり元気になっていて、一安心。ただ医者から痩せ方がひどいと注意された。もともと小柄で痩せていたので気にしないでいたのだが、そう言われて体重を測ってみると二・五キロしかない。飼主の痩せっぷりと釣合う軽さだなと考え、もうしばらく様子を見守ることにする。

某月某日

井上光晴死去、肝臓癌、享年六十六。

以前に一度だけ新宿の酒場で編集者から紹介されたことがある。大声で早口に喋るひとだった。

私が初めて読んだ井上光晴の作品は『死者の時』（一九六〇）で、今から三十年以上前の三十歳のころだった。感動した私は「よむ会」で報告した。戦争末期、部落民である戸部少尉は天皇のために命を捧げることで差別を脱することができると信じ、特攻隊員を志願して死ぬ。井上光晴は殉国、献身、全体のために死ぬことの意味を問うたのだ。

当日は満員。そのころの「よむ会」にはまだ研究会的な雰囲気が残っていて、松田道雄、上山春平、梅原猛らの研究者が出席していた。とくに特攻隊生き残りの上山春平の話に一同耳を傾けた。彼は敗戦の少し前、昭和二十年五月二十八日に人間魚雷回天に乗り組んで出撃。途中エンジンの故障で引き返したという体験の持主である。彼によれば、この小説に描かれているような純真な特攻隊員はもう少し後の予科練出身者で、自分たちの場合は死の直前まで技術的な問題に忙しく、死のことなど考える余裕はなかった、もっとすかっとしていた、と。
井上光晴は「政治と文学」を身をもって生きた、まさにドラマチックに演じた作家だった。

某日
元河出書房編集者の川西政明から葉書とどく。井上光晴の通夜の後の二次会（？）でのことが短く報告されている。埴谷雄高が歌い、瀬戸内寂聴が中心になって阿波踊りを踊り、号泣した由。

某月某日
夕方六時より山端《やまばな》の平八で「ＶＩＫＩＮＧ」の島京子『竹林童子失せにけり』（編集工房ノア）の出版を祝う会。出席者は島さんの希望により本人のほか北川荘平、佐々木康之、福田紀一、版元の涸沢純平、そして山田（世話人）の五名。五時半に着いたら、すでに島さんが来ていて座敷で横になっている。五時に着いたのだという。神戸からはるばると。定刻には全員揃って、食事をしながら本の感想をのべあう。作者の観察のするどさをみな褒める。少人数だとゆっくりと、声を大にすることなくしゃべれていい。

九時ごろ閉会。会費一人二万円。二次会は烏丸京都ホテル地下Anchor《アンカー》で。私は痔を気にしつつビール（小）一本だけ。十時半ごろ別れる。

某日

朝、すこし寝坊をする。どんより曇って蒸し暑い。気だるく今日はもう止めておこうと思う。だが時間を見ると、まだ十分間に合う。「スウィーティ」（一九八九）、前にみて感心した「エンジェル・アット・マイ・テーブル」（一九九〇）の監督ジェーン・カンピオンの処女作、やはりこれはぜひみておきたい。

さあ行くぞ。さいわい地下鉄、近鉄の乗り継ぎもうまくいって、みなみ会館に着いたのは十時四十分、開映までまだ二十分もある。それでも先客一名、学生風の若者。私より少し遅れて若い女性。「これ一本だけで入替えですよ」と受付のおばさんが念をおしている。

「お客さんありますか」とたずねてみる。「ありまへんなあ」、「二、三人？」、「昨日は七、八人」、「夜は？」、「ここは夜もあきまへん」

その「スウィーティ」、一体いかなるものか。

ところで私には小説でも、映画でも、自分の好みあるいは思いこみによって筋を勝手に作りかえて記憶してしまう特技がある。以前朝日新聞に「シネマのある風景」を連載していたころ、「本当にこの映画を御覧になったのですか」という匿名の葉書がとどいた。文面から察するにかなりの年配の、映画通らしかった。私を知っている人だったかもしれない。「本当に御覧になったのですか」には参った。

また以前パリにいたころ、フランス映画はせりふがよく聞きとれないので、日本語のできるフランス人の教え子にいっしょにみてもらった。終ってからカフェで感想をのべていると、彼女が私の顔をふしぎそうにみて言った。「ヤマダセンセイ、ユメヲミテイマシタカ」。

といった次第で、以下おそるおそる筆を進める。

さて、上映開始後三十分ほど経っても主人公のスウィーティは現れない。やっと姿を見せたその女性は、異様に太った不器量な娘だ。ケイという妹がいる。これが姉とは対照的に弱々しい少女である。スウィーティは名と異なり横暴な性格で、家族一同を恐怖におとし入れる。ケイは少し気がおかしくなる。ただひとり父親だけがスウィーティの味方だ。これにケイの恋人も加わって悲惨な、しかしどこかコミカルな事件が次々と起る。

スウィーティ役はジュネビエーブ・レモン、それと対照的なケイ役はカレン・コルストン、いずれも新人らしい。スウィーティの太った体を見て、ふと「エンジェル・アット・マイ・テーブル」の主人公の幼女時代のデブさん姿を思い出した。

最後の方でその巨軀の持主スウィーティが素っ裸で家の庭の大木に梯子をかけてのぼり、台をこしらえそこをお城と称して下りて来ようとしないシーンがあって、迫力満点だ。どす黒く汚れた体に巨大な乳房がゆれてまるでオランウータン。そして梯子を上って来た父親に向かって、ハンカチほどのちっぽけなパンティをつけたでっかい尻を突き出し「ブーッ」と一発。そして最後は台の板を踏み破って転落、お陀仏。

某月某日

「朝日」書評欄で黒井千次が先日出た富士正晴『碧眼の人』を褒めてくれている。「筆遣いの墨の擦れ」なんてうまいこと言う。編者のひとりとして一筆礼状をしたためて送る。

某月某日

張芸謀《チャン・イー・モウ》の「紅夢」を菊映でみる。これは一九九一年にヴェネチア国際映画祭で銀獅子賞を授けられた作品。原題は「大紅燈籠高高掛」。張芸謀は「紅いコーリャン」（一九八八）、「菊豆《チュイトウ》」（一九九〇）などの傑作により、いまや中国を代表する映画監督である。しかもエグゼグティブ・プロデューサーに侯孝賢《ホウ・シャオ・シエン》、主演女優に鞏俐《コン・リー》。これだけ顔ぶれがそろっていると、かえって見るのがこわい。

時は一九二〇年代、大地主に囲われる四人の妾の物語である。テンポののろさもさることながら、左右対称の画面の構成の仕方、その様式化の徹底ぶりに感心する。主要人物はつねに画面の中心に、そして建物や屋内の構図も左右対称になっている。

それと、この監督好みの紅色の強烈な印象。「紅いコーリャン」、「菊豆」の紅、そしてこの作品の大灯籠の紅。

主人の住む母屋のそばに妾の家（院）が並んでいて、それぞれ第一院、第二院と古い順に番号がついている。つまり数が多いほど妾は新しく、したがって若いということだ。主人は毎夕、その夜をともに過ごす女の院の番号を召使頭の老人に知らせる。日暮とともに老人が大声で、たとえば「第四院点燈！」とさけぶ。するとその家の前に下げられたいくつもの紅い大燈籠に火がともされる。家の前に出て待っていた他の妾たちはくやしそうに引っ込む。

新旧妾たちのいがみ合いといったドラマよりも、老召使が「第×院点燈！」とさけぶ声が何ともいい。「いい」とはユーモラスかつ悲しいということ、いや、もっとありそうだ。

映画としては「菊豆」の方が上だろう。様式化が行き過ぎて、美の過剰のために表現力が弱まった。

映画の後、田中里の前の夫婦と老母だけでやっている小さな酒場で軽く一杯。「第四院点燈！」などとほろ酔い機嫌でつぶやいている。

某月某日

私の好きだった「秋のミルク」と同じスタッフのドイツ映画「カティの愛した人」（監督ヨゼフ・フィルスマイアーその他、一九九一）を北浜の三越劇場でやっている。ここしばらく大阪へ行っていないので、朝から沈みがちな気分を転換すべくあえて出かける。この「勇を鼓して」の気力が大切なのだ。これが失せたら映画館通いはできなくなる。

阪急電車での読みものはスチュアート・ダイベックの短篇集『シカゴ育ち』（柴田元幸訳）。一つの町を舞台にした短篇集が私は好きだ。ここではポーランドなど主に東欧の移民の住みついた街が主な舞台である。たとえば「冬のショパン」はこんな話。ピアノの勉強のためにニューヨークに出かけたマーシーという娘がある冬、妊娠した身でシカゴの親の家にもどって来る。親はボヘミア語をしゃべるチェコあたりの移民、語り手の少年〈僕〉はポーランド系である。父は戦争で死んだ。〈僕〉はマーシーにほのかな恋ごころをいだく。家にはジャ゠ジャというすこし頭のおかしい放浪癖のあるおじいさんが同居していて、夕食後、階上から聞こえてくるピアノの曲に合わせてテーブルに指を走らせ、曲名を言い当てる。いつもショパンなのだ。おじいさんはショパンのことにはやけに詳しくて、〈僕〉に教えこもうとする。〈僕〉は眠る前、すぐ上の部屋から聞こえてくるピアノに耳を傾ける。外は吹雪、曲はいつもショパンの夜想曲。

風変りな祖父のジャ＝ジャがいい。また娘の身の上を歎くミセス・キュービアックが次第に興奮して声が大きくなり英語が乱れてくるさまを、「まるで、彼女の悩みと苦しみのあまりの重さに、言語がその限界を越えてあえいでいるみたいだった」と形容する、こうした文章がおもしろい。

やがてマーシーは大きな腹のまま家を出て行方がわからなくなる。それでも〈僕〉は聴きつづける。「もう彼女を恋しがらなくなってからも、残された沈黙が僕にはまだ聞こえていた。」

ちょうど読みおわるころ電車は北浜に着く。

さて、こちら「カティの愛した人」、原題は「ラマ・ダマ」。「後片づけ」、つまり空爆で瓦礫の街と化したミュンヘンの復興を意味する。

夫が戦死したと思い、子連れで別の男（ハンス）と新しい生活をはじめた女（カティ）のもとに夫（フェリックス）がもどってくる。

フェリックスがまだ不在のころ、カティとハンスが農村に物々交換で食糧の買出しに行く。分けてもらった豚の皮をカティはブラウスの下、腰のまわりに巻きつけて隠す。帰り道で出会ったアメリカ兵にあやうく犯されそうになる。しかし、腰にまわした兵隊の手が冷たいぬるぬるしたものに触れ、出してみるとべっとり血がついていて、彼はたまげて逃げ出す。こうしたエピソードがおもしろい。

二人が夫婦のように暮らしはじめたある夜、子供の体を洗ってやっていると、戸口に軍服姿の男が現れる。ふと戸口へ目を向けたカティのはっとした気配に、ハンスも振り向く。しばらく三人は動かない。やがて軍服姿の男（フェリックス）の視線がちらっとハンスの方へ動く。このあたりの細かな描写が光る。彼はハンスの手からマリーを抱き取る。ハンスがカティの背後から顔を寄せてくる。そしてそっぽを向くカティの頬にかるく唇を触れ、洋服箪笥から上着を取ると部屋を出て行く。その背にむかってマリーが「パパ！」と呼びかける。暗い瓦礫の上を去って行くハンスを、アパートの窓から腕組みして見送るカティ。

フェリックスが家に入って来てからこのシーンまでの間、セリフはマリーの「パパ！」だけ。音楽すらない。ただ沈黙のうちにすべてが淡々と進行する。息づまるような緊張感。いいぞ、このままで行ってくれと胸のうちで祈っている。

ところが何たることか。この後に音楽が入るのだ。しかも次第にクレッシェンドで大きくなり最後は耳を聾するばかりの大音響となる。やめてくれ！　ぶっ壊しだ。映画の有力な武器と私が日ごろから羨んでいる音楽も、用い方を誤ると命とりとなる。小説でも映画でも、最後のところが難しい。

某月某日

本降りの雨。夕方、京大の楽友会館ロビーでみすず書房の尾方邦雄さんと会う。出来上がったばかりの『シネマのある風景』を持って来てくれたのである。いつもながら自著をはじめて目にするときの不安と期待。このたびはうまく仕上っていてうれしい。スコーラ監督の「特別な一日」のスチールのセピア色、タイトル部分の黒に白抜きの文字、それと帯のオレンジ色、この三つの色がうまく合っている。あの黒は映画館の暗闇だと勝手にきめる。じつは最初は「フェリーニのアマルコルド」の、豪華船レックス号を田舎町の住民が総出で見物に出かけるシーンを用いたかったのだがヘラルド社からの許可がおりず、「特別な一日」に変更されたのだが、これでよかった。

その後、尾方さんも親しいT君が加わり、近くの静かな酒場で出版を祝って飲む。尾方さんがロジェ・グルニエのチェーホフの評伝が最近出た、山田さん向きだと思うが翻訳してみないかと言う。しばらく前にフランスから帰ったT君がたまたまその本を持っていることがわかり、お先にどうぞと言ってくれたので借りることにする。グルニエの描くチェーホフ、早く読みたい。

某月某日
台風接近でどしゃ降りの雨。

クローネンバーグの新作「裸のランチ」(一九九一)の試写の案内状を朝日シネマからもらっているが、同じ時刻に同じ館のレイトショウで上映するムッソリーニの愛人クラレッタ・ペタッチを描いた珍しいイタリア映画とどちらにしようかと迷い、後者に決める。イタリア語を勉強しだしてから、いっそうイタリア映画が好きになったみたいだ。あのイタリア語の音だけでもうれしい。

「裸のランチ」は以前にウィリアム・バローズの原作を翻訳で読んだ。スカトロジックな箇所があって、肛門が喋りはじめる「肛門の復権」といった発想にわが意をえたりと喜んだ記憶がある。しかしあの小説のよさは映画化できまい。

さて結論から言うと「クラレッタ・ペタッチの伝説」(一九八四)はいささか期待外れだった。クラレッタを演じるクラウディア・カルディナーレに久しぶりにお目にかかれたくらいが収穫か。

それでも敗戦当時のイタリアの風俗、政治状況などはおもしろかった。クラレッタが再三の逃亡の機会をみずから拒み、ムッソリーニと運命をともにしてミラノでパルチザンに捕えられ、銃殺後、広場に逆さに吊るされるシーンなど感慨あり。クラレッタ三十一歳。

一九二六年に十二歳だったクラレッタがムッソリーニに熱烈なファンレターを送り、十八歳のときある式典ではじめて会う。ムッソリーニには強烈な性的魅力があって、多くの女性がそのとりこになった。「特別な一日」のアントニエッタもその一人だ。

監督のパスクワーレ・スキティエリというのはどういう人物か知らないが、一九七九年にカルディナーレが女の子を産んだとき、その父親であることが発覚してスキャンダルになったそうだ。

某月某日

「三田文学」七月号の大橋吉之輔「ジョン・アンダスンのこと」を読む。アメリカ文学者の大橋は人工透析をつづける体で一夏をシカゴの親友のアメリカ人老夫婦のもとで暮らす。ある日突然、シャーウッド・アンダスンの次男で画家のジョン・アンダスンの来訪をうける。大橋が父のためいろいろと奔走してくれたこと、とくに十二巻から成る全集を本国アメリカに先んじて京都の臨川書店から出してくれたことへの礼をのべにやって来たのだ。そのときの情景を描いたエッセイで、一読感心した私は一面識もない大橋氏に読後感を書き送った。

某日

大学のすぐ近く、東一条の日本イタリア京都会館（通称日伊会館）でエットレ・スコーラ特集をやっていて、そのうちの一本「あんなに愛しあったのに」（一九七四）を久しぶりにもう一度みる。最初は一九七八年にパリのオデオン座近くの小さな映画館でみた。私が教えていたラング・ゾー（パリ東洋語学校）の学生がぜひとすすめてくれたのだった。当時、まだ日本では（すくなくとも私の周辺では）エットレ・スコーラの名前はあまり知られていなかった。

スコーラはいい。「特別な一日」、「ル・バル」、「パッション・ダモーレ」、「マカロニ」、どれも好きだ。

さて「あんなに愛しあったのに」（原題のまま）。第二次大戦中、イタリアのレジスタンス運動に参加した三人の友人の戦後の生き方、変貌ぶりを描いた作品で、われわれの世代にとっては懐しく、そして身につまされる辛い内容だ。

ロベルト・ロッセリーニ監督の「無防備都市」（一九四五）でレジスタンスを助ける神父役を演じたアルド・ファブリツィが、でぶでぶの老実業家で登場する。これなど象徴的である。

三人が惚れるルチアーナ（ステファニア・サンドレッリ）のきれいなこと。

かつての同志三人が二十五年ぶりで、むかし溜り場であったレストランで再会し、一人が言う。

「おれたちは世界を変えようとしたが、変わったのはおれたちの方だな」

某月某日

みすず書房の尾方さんより『シネマのある風景』の読書カード、読者の手紙などが転送されてくる。そのなかに藤沢市の主婦の映画ファンからのものがある。私の本を立ち読みしていて「映画館主義者」だとわかったので買った由。「ニュー・シネマ・

パラダイス」を五回もみたと書いてある。それで、例のトト少年の顔の絵はがきで返事を出す。先方の手紙の末尾にマーチン・リット監督のアメリカ映画「アイリスへの手紙」のなかのセリフをまねて「電話でなく手紙を下さい」とあったので、「映画館主義者のアイリスさんへ」という書き出しにしておく（ちなみにアイリスを演じるのはジェーン・フォンダ）。

某月某日

ルネサンスホールは閉館になっても、上映活動の母体たるRCSが健在なのは心強い。そのRCSが日伊会館で現代スペイン映画特集のひとつ、「月の子ども」（監督アグスティン・ビラロンガ、一九八九）というのをやっているので、それをみる。

会館の入口の石段のところで、中から出て来た若い女性に会釈される。あれ、誰だろうと見返すと、眼鏡をはずして挨拶する。M嬢だ。彼女との映画館での偶然の出会いは四年前、ルネサンスホールのドゥシャン・マカヴェイエフ特集以来のこと。その後結婚したのだから M嬢と呼ぶのは正しくないが。相変わらず映画館に足を運んでいるらしい。時間がないので残念ながら立ち話程度で別れる。

さて場内には観客が十二、三名、私にとっては普通の入りである。上映開始を待つ間、「三田文学」秋季号の大橋吉之輔のエッセイ「宇和島へ」を読む。前号の、シャーウッドの次男ジョン・アンダスンの思い出につづくものだが、今回はわき道に逸れている。以前から親交のあるシカゴの大学教授ボウエン夫妻が来日したさい、宇和島に案内する話。

はじめに、シェイクスピアを研究していた長男が二十五のとき「自ら進んで鬼籍に入った」ことがちょっと出てくる。そのころ、宇和島のある山寺が山津波で壊れ復旧に困っていると聞いた大橋夫妻は、香典の一部を寄付する。やがて復旧成った寺に六地蔵が建てられ、そのうちの一体がお宅の息子さんのつもりであるから、暇のときに見に来てくれと寺から知らせてくる。こうしたいきさつは伏せたままボウエン夫妻を寺に案内した大橋氏は、ここに長男がいるから会ってやってくれとたのむ。そして怪訝な顔をする夫妻を連れて石段を上る。

「六地蔵の前にくると、私はいちばん右にいる地蔵を指差して、あれが私たちの長男だと言った。夫妻は一瞬、きびしい顔付きになって、その地蔵を凝視していたが、不覚にも私が涙を流しているのを見ると、夫人のルースは体を寄せてきて私を抱きかかえるようにし、ハンカチを取り出して、涙を拭ってくれた。マーリンは、上着のポケットに手をいれて、札入れを取り出し、何枚かの紙幣を引き抜いて、ティッシュペーパーにくるんだ。そして、それを私に手渡しながら、これは、お前の息子が世話になっていることに対する自分たちからのお礼の気持だ、寺に差上げてくれ、と言った。」

読みおわって私は涙をおさえることができない。感情を抑制した淡々とした語り口、最後の切り上げ方、いい文章だなあと感じ入る。

映画館で、映画のはじまる前に涙を流すなんて。こんな経験ははじめてだし二度とあるまい。

これで心のエネルギーを使い果たしたのか、かんじんの映画の方は何やら不自然で感心しなかった。

某月某日

ロジェ・グルニエのチェーホフ評伝 *Regardez la neige qui tombe——Impressions de Tchékhov*（「ごらんなさい、雪が降っている——チェーホフの印象」）を一気に読みおえる。じつにおもしろく、翻訳する気がある旨尾方さんに伝える。たしかに「私向きの」本だと思う。この機会に、久しぶりにチェーホフをまとめて読みかえせるのが何よりもうれしい。

某月某日

「美しき諍《いさか》い女《め》」。題名、とくに「諍」なんて漢字からして気にくわない。原題を調べてみると *La Belle Noiseuse* だが noiseuse という単語は手許の辞書にない。noise は「口げんか」とあるから、noiseuse は「けんか早い女」とでもいうか。監督はヌーヴェル・ヴァーグの巨匠ジャック・リヴェット。ますます敬遠したくなる。ところが原作は私の好きなバルザックの短篇『知られざる傑作』なのだ。すこし前に「ボヴァリー夫人」（監督クロード・シャブロル、一九九一）でこりているので文芸ものには警戒心をいだいているのだが、主人公の画家フレンホーフェルを演じるのが私のひいきのミッシェル・ピコリとくれば、他の点には目をつぶっても見に行かねばなるまい。

かくて三十六度をこす猛暑のなか、大阪北浜の三越百貨店の最上階、三越劇場に足を運ぶ。めずらしく八分の入りである。巨匠リヴェットのおかげか。

ところで『知られざる傑作』という短篇は、絶対的な美を追求するあまり破滅する十七世紀の天才画家の苦悩を描いたものだが、映画「美しき諍い女」の方は画家と美人ヌードモデルのマリアンヌ（エマニュエル・ベアール）との恋の駆け引きが主となっている。原作とは別ものだと言われればそれまでだが、その間に長々と美についての論争がくりひろげられるのだ。四時間弱も。スクリーン上での芸術論やベアールの裸はもう結構、映画の芸を見せてほしい。それに冷房がききすぎて、早く終ってくれと祈るのみ。ああ、おれはやはり「芸術」には向いていないらしい……。

帰りの電車のなかでチラシを読む。小さな字でびっしり、横組み三段で「解説」がのっている。題して「芸術創造のなかの愛の形」。筆者はと見ると「辻邦生（作家）」。なるほどこの芸術派作家好みの映画だ。文芸映画は原作の方がすぐれている、「唯一の例外になりそうなのがこの『美しき諍い女』だ」と宣う。ここまで読んで止める。第一、字が小さすぎてこれ以上読めない。

帰宅すると、「コムストック」という会社から封書がとどいている。何だ、まさか不動産屋がマンションを買えとでも？　封を切ると映画の配給会社からで、「美しき諍い女」を近く京都で封切るから試写を見て宣伝をかねた紹介文を（つまり辻邦生みたいなのを）書いてほしいと。

なんというタイミング、ためらうこともなく断りの返事を出す。

某月某日

風邪で引きこもっていたが、快方に向かうにつれ映画を見たくてむずむずしてくる。これが回復のしるしか。この二週間ほど何も見ていない。久しぶりのアメリカ映画「ランブリング・ローズ」（監督マーサ・クーリッジ、一九九一）、今日が最終日と知りこれに決める。場所は朝日シネマ。

「愛だけを鞄につめて、ローズはやってきた」――チラシの宣伝文句は相変らずうまいことを言う。しかしこの「愛」は生やさしいものではないのだ。

物語は一人の中年男がジョージア州の自宅で、過去つまりローズのことを回想する形で始まる。

彼が十五歳のとき、放浪癖《ランブリング》のあるローズは女中として雇われてやって来た。ローズ役のローラ・ダーンが魅力的だ。ひょろ長い全身も妙だが、表情にどこか精神薄弱的なしまりのなさが感じられるのだ。じつは貧農の家に育ったローズは幼いころ父親に性的いたずらをされ、淫乱症というか、性欲を抑えられぬ特異な体になっている。これが彼女の「鞄につめた愛」の中身なのである。

ローズは主人に惚れてキスを強要したり、十三歳の少年（回想する〈私〉）のベッドに入って来て、思春期の少年の望むままに乳房や性器に触れさせてみずからオルガスムに達する。このシーンが真に迫っている。こうしたことがあった後、少年はローズを本気で好きになる。その少年に向かってローズが「女の子が欲しいのはセックスではなく愛なのよ」と教え諭したりするところが悲しい。

ローズは近くの町でも男性関係をもち噂になる。一家の主人はホテルの経営者だがローズを心では愛している。妻は補聴器をつけ、アメリカ史についての修士論文を準備中のインテリ女性。つねにローズの味方になり、妊娠した彼女を助けたりしていささか立派すぎる。亭主はこのピューリタン的妻がこわい。その気持はわかり同情したいが、その亭主の顔が大統領ブッシュそっくりなので、どうもその気になれない。

最後のところで時間は現在にもどる。妻に先立たれた〈私〉は田舎にひとり住む老父を訪ね、ローズの死を知らされて涙ぐむ。ジョージア州の広大な自然のなかの昔の家の方へ向かって、むかしそれぞれ父と子、大人と子供の立場で愛した同じ女の思い出に結ばれた老人と中年男が肩を抱き合ってもどって行く。いかにもアメリカ的な、善意にみちた人生ドラマと呼びたくなる作品。筋は通俗かもしれないがローズが光っている。佳作だと思う。ピューリタン的な母親を演じるのはローズ役のローラ・ダーンの実の母親だそうだ。

某月某日

松本清張死去。享年八十二。

彼の最近作は全く読んでいないが、この人には特別の思い出がある。三十年あまり前、ちょうど三十歳のとき、当時清張ファンであった私は初期短篇をふまえて「現代の復讐者」と題する松本清張論を「思想の科学」に書いたことがある。そのころ清張と東京で会う機会のあった清張ファンの桑原先生から、大学の先生に自分の作品がまともに取り上げられたのははじめてだと清張が喜んでいた旨聞かされ、あの有名な清張が、と意外に感じたのを思い出す。当時（そしてその後もおそらく）彼は文壇・論壇で孤立していたのだろう。私が好きだったのは、本格的な長篇推理小説よりも『或る「小倉日記」伝』(一九五二)その他、挫折を描く初期の短篇の方だ。あの孤独のうちに幾重にも屈折した心情、権威にたいする反抗心、それを「有名人」になってからも失わなかった稀な作家だと思う。

映画化されたものでは「張り込み」(監督野村芳太郎、一九五八)がよかった。

清張とともに一つの時代が終った。

某月某日

『シネマのある風景』の書評もほぼ出そろったようだ。毎日新聞には須賀敦子の評が載った。日ごろ敬愛する作家のものだけに余計うれしい。こんな風に書いてある。

「一気に読破するというよりは、二、三章読んでは他の仕事をしたり、そうかと思うと、急にどうしてもその作品がみたくなってビデオ屋に走ったり、そしてまた読む、といった本」と。

書評にかぎらず、過ぎたるは及ばざるが如しで、褒めすぎると品がなくなる。須賀敦子の評には節度が感じられて気持がよい。

取り上げる作品にも個性がある。たとえばイギリス映画「遠い声、静かな暮し」

（監督テレンス・デイヴィス、一九八八）のような地味な、ひそやかな作品。

本文に添えられたスチール写真も見落さない。「フェリーニのアマルコルド」の、夜中に沖合を通る豪華客船を海辺の町の人々がこぞって見物に出かける有名なシーンのほか、「ニノチカ」（一九三九）の「神様が笑った」といった感じの、大口あけて笑うグレタ・ガルボの写真。そして「ディートリッヒよりガルボが好きという著者に賛成、そして映画に乾杯」と結ぶ。

産経新聞の「井坂洋子が読む」欄で取り上げられたのは意外だった。著者は判官びいきで老女と醜男が好きらしい、とある。「醜男」には苦笑する。「少年」と書いてほしかった。

井坂洋子とはちょっとした因縁というか思い出がある。十年以上前のことだが、ある日新聞で彼女の処女詩集『朝礼』の紹介文を読み、この若い女性詩人の感受性のみずみずしさに打たれた私は早速書店に注文したが、すでに品切れだった。そのことを編集工房ノアの涸沢純平に話すと、版元の紫陽社の発行人荒川洋治を知っているから何とかしてみようとのことだった。

しばらくして紫陽社から詩集『朝礼』がとどいた。鮮やかなブルーの地にピンクの文字でたてに大きく「朝礼」、オビは黒。六十ページほどの詩集だが、カバーのけばけばしさは意外だった。添えられた荒川氏の手紙には、三版まで出たが売切れているので、サイン本を余分に持っている人から譲りうけたものを送る、代金は要らない――ざっとこのようにしたためられていた。私はたいそう嬉しく、ありがたく、早速荒川氏に礼状を、そして後日作者の井坂洋子さんに詩集の感想を書き送った。

雨に濡れると
アイロンの匂いがして
湯気のこもるジャンパースカートの
箱襞に捩れた
糸くずも生面目に整列する

（「朝礼」第一連）

某月某日
藤沢市在住の「映画館主義者のアイリス」さんから返事がとどく。「裸のランチ」

も「ランブリング・ローズ」も見たと。藤沢の辻堂というところは知らないが、「裸のランチ」などを上映する映画館があるのか。それとも横浜あたりまで出かけるのか。どういう人か知らないが相当なものだ。最近みた映画のことなど書いて返事を出す。

某月某日

台風の影響で二日間降りつづいた雨がやっと上る。北浜の三越劇場へ。演しものはパトリス・ルコントの「仕立て屋の恋」(一九八九)。

車中の読みものは「ユリイカ」プルースト特集号のピエール・アンケル「プルーストの世界の生理学」。あの時代のパリがいかに不潔で、夜の照明も暗かったか(たとえばパーティー会場なども)を紹介している。ベル・エポックかならずしもベルではなかったと。別に珍しい説でもない。

没後七十年を記念してこのところプルーストばやりのようで、『失われた時を求めて』のダイジェスト版まで出てよく売れていると聞く。プルーストはたしかにすばらしいし読むのもいいだろう。しかし考えてみれば貧しい、いや貧しいが言いすぎなら「中流」程度の、インスタント食品をうれしがる人間がプルースト、プルーストと有難がるのは滑稽だし恥ずかしくはないか。——こんな感慨にふけっている間に電車は北浜に到着。

以前しばらくパリにいたころ、映画案内に *Monsieur Hire*（「イール氏」）という題の映画が紹介されていた。監督はパトリス・ルコントで、紹介文によるとこんな内容らしかった。

「孤独な男が毎日ひとりの若い女を覗き見している。彼女の秘密を目撃するが、愛ゆえに口を閉ざしている。（…）孤独と狂気の愛をめぐる暗い淡々とした物語」

キェシロフスキの「愛に関する短いフィルム」に似ているようでぜひ見たいと思ったのだが、上映館が私の下宿からやや遠く、そのうえ上映時間が限られていたので、つい見そこなったのだった。

日本に帰って「髪結いの亭主」（一九九〇）を見て、これがなかなかおもしろかった。その同じ監督の「仕立て屋の恋」というのが次に公開されたので、期待して今日三越劇場に足を運んだのである。ところがこれがパリで見逃したあの「イール氏」。

仕立屋を演じるミッシェル・ブランがじつにうまい。黒のスーツ、つるりと禿げ上った頭。近所の人と口をきかず、二十日鼠を飼うのを趣味とする暗い過去をもつ孤独なユダヤ人。

　覗き見しながらひそかに愛している女が、彼の部屋に入って来る。私生活あるいは空想のなかへの現実の闖入、彼は動転し、女に指一本触れるどころか苛立ち、出て行けと怒鳴る。覗き見、つまり距離をおいて観察するという形でしか女だけでなく人間と社会に関心がもてなくなった中年男の孤独。

　私の好きなマイケル・ナイマン編曲のブラームスのピアノ四重奏曲第一番ト短調、これが効果的である。一時間半ほどのひきしまった構成もよい。

　後でシムノンの原作『イール氏の婚約』（一九三八）を読んでみると、ユダヤ人への人種差別の視点が映画よりも明確である。イール氏の日常の行動をただ外から追うばかりの単調な描写は映画向きといってよいだろう。原作には二十日鼠はでてこない。その代りイール氏はボーリングの名手とされている。この小説はすでに一九四六年にジュリアン・デュヴィヴィエにより「パニック」という題で映画化されているそうだ。あのデュヴィヴィエが。どんなものかぜひ見たい。

某月某日

中上健次が死んだ。享年四十六。壮烈な最期、ただしわれわれの友人の間では話題にならない。

そういえば先日一緒に飲んだAさんからの手紙に、その席で清張のことがいちども話題にならなかったことに我ながら驚くとあった。彼女の後ろめたさは解る。死者は二度死ぬのだ。

某日

みすず書房より、グルニエのチェーホフ評伝の翻訳権とれたとの連絡があり、ただちに翻訳にとりかかる。

本文はこう始まっている。

「遠いある日のこと、こう言ってくれたひとがいる。「チェーホフを読んでみたら？　きみに向いているように思うけど」」。

さあ、これからしばらくはチェーホフ漬けだ。

某月某日

以前にルネサンスホールで見逃がした「ウルガ」（一九九一）をテアトル梅田でやっている。「黒い瞳」（一九八七）以来私の好きなニキータ・ミハルコフ監督の新作、こんどこそは見逃がせない。

チラシの「解説」によれば、「ウルガ」とはモンゴルの遊牧民が馬を捕獲するために用いる長い竿のような道具のことらしい。

その内モンゴルの大草原のなかのゲルに暮らす五人家族の遊牧民の物語。家長のゴンボはチンギス・ハンにならって自分も四人目の子供を欲しがるが、妻に拒まれる。ある日、大草原で立往生しているロシア人のトラック運転手セルゲイを助け、家に泊めてやる。翌日ボンゴはセルゲイの暮らす町へ連れて行ってもらい、テレビや自転車を買うが、妻から頼まれた避妊具は恥ずかしくて買えない。

町のディスコで酔っぱらったセルゲイが、このあたりでおれたちの父親は戦死したのだとわめき、「満州里《マンチユウリ》の丘の上で」という歌を哀愁をこめて歌う。

また彼が自分の背中に入れ墨された楽譜を見せ、その曲を遊牧民の少女にアコーデオンで奏《ひ》かせる。——こうしたシーンが印象に残った。

ノスタルジー派と私がきめているミハルコフはやはり過去を追憶するときが優れて

いる。チェーホフ、ゴンチャロフの系統だろう。

映画が終って帰りしなに出口で手に取ったチラシに、イスラエル映画「アバンチ・ポポロ」（一九八六）とある。こりゃあ珍しい。映画館に行くとこういう発見があるのだ。

〽アバンチ・ポポロ、ア・ラ・リスコサ、バンディエラ・ロッサ、バンディエラ・ロッサ……

帰り道、つい口ずさんでいる。一九五〇年前後、学生運動のなかで歌われたイタリア共産党の歌「進め《アバンチ》、人民《ポポロ》」。「インターナショナル」ほどは普及しなかったが、その軽快なリズムとメロディーは体が憶えている。その曲を題名にしたイスラエル映画があるとは。これは見逃せない。

某月某日

生駒山頂で「VIKING」五百号記念の東西合同例会。京都駅で東京から来る阿部慎蔵と待ち合わせて会場へ向かう。

出席者四十五名。司会を仰せつかる。二十六篇もの特集雑記をさばかなければならない。いい作品がいくつもあるのに合評のひまもなく、十把ひとからげで片づけていく。何とも空しい。

「うどんすき」の二次会もただ騒然としているだけ。疲れだけの残る空しい合同例会だった。

その口直しに翌日の夕方、京都泊りの東京の同人らをまじえて飲み直す。また疲れる。

某日

「VIKING」五百号が、東京新聞（夕刊）の「大波小波」欄で標的にされているると教えられる。題してそのものずばりの「VIKING500号」。

「VIKING」は五年前にキャプテン富士正晴の死と同時に「潔よく沈没させる」かと思ったがその後も古い同人たち（福田紀一、北川荘平、廣重聰、山田稔ら）が「老骨に鞭打って頑張っているのは涙ぐましいかぎりだ」。

以下、散々「VIKING」をからかっている。だがこの「火宅」なる匿名男、何も解っていないのだ。「VIKING」を文壇レベルの視点から論じているにすぎない。それに文章に芸がない、なさすぎる。コラムニストとして落第である。

某月某日

朝の九時すぎに家を出て、地下鉄、近鉄と乗り継ぎみなみ会館へ急ぐ。「アバンチ・ポポロ」、日本での上映権切れでこれが最終上映だそうな。この日の午前十時半から一回だけの上映、これが最後のチャンス。遅刻しても映画は待っていてくれない。気の急くこと。

——間に合った。土曜日の朝というのに約五十名の観客がいて、これは盛況というべきだ。どういう人たちだろう。私と同世代のアバンチ族？

監督のラフィ・ブカイーは一九五七年生まれの若い人らしい。「六日戦争」とよばれた第三次中東戦争での実話をもとにこの映画を作ったという。これは初の長篇作品で、ロカルノ国際映画祭でグランプリを受賞した由。

おもしろいのは、イスラエルの監督が敵側のエジプトの兵士を描いている点だ。

チラシの宣伝文句。「ひとつの歌（アバンチ・ポポロ）が国境を越えて兵士たちの魂を結びつけた。」……

エジプトの敗残兵がシナイ半島の砂漠を逃走中、イスラエルのパトロール隊に出会う。しかしすでに停戦が布告されているので、イスラエル兵はエジプト兵を見捨てて行こうとする。生き残った二人は、途中で拾ったウィスキーで酔っぱらいながらどこまでもついて行く。一人はかつて役者をしていて「ベニスの商人」のシャイロック役だった。イスラエル兵のなかにも役者志望者がいたりして友情が芽生える。

イスラエル兵のひとりがラジオのダイヤルを回していると、急に「アバンチ・ポポロ」が聞こえてくる。兵士たちは敵味方声を合わせてこの歌をうたいながら、夕暮の砂漠の中を踊り狂いつつ行進する。そして国に帰ってからのこと、将来のことを語り合いながら一夜をともにすごす。

翌朝、イスラエル兵たちは二人のエジプト兵を置いてきぼりにして出発する。後から追いかける二人の目の前で、「地雷」の標識が読めぬイスラエル兵たちは地雷原に入り込む。……

こんな映画があったのかと驚く。テーマも新鮮なら俳優もうまい。

映画のチラシによれば、大島渚はエルサレムの映画祭でこれを見てショックをうけ「不覚にも涙をこぼした」そうだ。

某月某日

同志社女子大学での初講義。

よその大学で非常勤で教えるのは断りつづけてきたのだが、後期だけというのは他に人がみつからず、ぜひと泣きつかれて引受けてしまったのだ。

朝、わが家から地下鉄、近鉄と乗継いで新田辺で下車、スクールバスで学生と一緒に大学へ。時間がわからず四十分も早く着いてしまう。

薄汚い京大教養部の建物にくらべ何ときれいなこと。まるでホテルみたいだ。立て看板も張り紙もない。もちろんスピーカーからのアジ演説も。廊下ですれちがうのは女性ばかり。つい緊張する。広い講師控え室中央の大テーブルに陣取って談笑しているのも女性の講師たち。男の先生方は端っこに小さくなって、うつ向き加減におとなしく控えている。

さて、私の担当は短大の一年生二十数名。教室に入って行くと、珍しいものを見るようにいっせいに視線が向けられる。このクラスの担任は女の先生なのだ。

真剣、真面目。授業中、私語もなく、一語一語私の話に耳を傾けている。

教室の前方に教材用のビデオデッキが置かれている。こういう機械類が苦手の先生は操作にまごつく。すかさず最前列の子がさっと立ち上って手伝ってくれる。

「メルシーボークー」と先生は照れ笑いしながら言う。

「フランス語で礼を言うときはメルシーボークーと言うんですね。さ、みなさん、言ってみましょう。メルシーボークー、ハイ」

某日

女子大の授業にも大分慣れてきた。授業中、突然ヘルメットをかぶった学生が教室に入って来てアジ演説をはじめる京大などと比べると、ここは全く楽園のようだ。むかし「女の園」という女子学生寮を舞台にした映画（監督木下恵介、一九五四）があったが、ここは平穏な「乙女の園」だ。

私が授業を終えて帰りかけると、その乙女たちが「さよなら」と声をかけてくれるのだ。こんな大学に長年勤めていたら人生観が変るだろう。おそらく人相も。

新田辺駅から近鉄に乗り、丹波橋で京阪電車に乗り換えて三条京阪で下車、歩いて十分足らずの朝日シネマへ。

「ハワーズ・エンド」。

監督ジェイムズ・アイヴォリイ（「眺めのいい部屋」）。出演エマ・トンプソン、ヴァネッサ・レッドグレーヴ、アンソニー・ホプキンス。この豪華な顔ぶれ、私の好きな俳優たちのオンパレード。これだけでもう私は気遅れするものの、やはり見たい。それにイギリス映画はきらいではない。原作はE・M・フォスターの同名の長篇小説。

「葉群れと花々にこぼれるハワーズ・エンド邸を舞台にまわる輪舞曲《ロンド》」（チラシ）。美しい田園風景、上品な会話。予想どおり良質の十九世紀イギリスの長篇小説の味をたっぷり味わせてもらった。

終って外へ出ると、すでにたそがれて街に灯がともっている。すこし行くと馴染みのビアホールが目に入る。誘い込まれるように中へ入り、立ち飲み席でジョッキ一杯。ふと、いつかやはり映画の後、この店のこの席で飲んだことがあったのを思い出す。あれは何を見たときだったか。……

もう一杯のところを我慢して帰途につく。

某月某日

大阪の日本橋一丁目交差点の北東角の小さなビルの地下に「こだわり日本一の映画館」を誇る「国名小劇」がある。「国名」は国際名画の略で「くにめー」、これが通称となっている。座席およそ四十、その一番後ろの一つだけ設けられた椅子を私は自分の指定席ときめている。私の知るかぎり満席になっていることはない。昼間はたいてい客は数名。劇場の主人は頭のつるりと禿げた六十なかばの男性だが、大変な映画好きで、自分の気に入ったマイナーなアート系の映画ばかりを上映しているそうだ。

その「くにめー」でイギリス映画「悲しき酒場のバラード」（監督サイモン・カロウ、一九九二）を見る。原作者のカーソン・マッカラーズは私の好きなアメリカの作家だが、それだけに、映画化されたものを見るのがこわい。それでも主演のヴァネッサ・レッドグレーヴのために足を運ぶ。あの「ジュリア」の女優がどんな女を演じるか。

場所はアメリカ南部の小さな町。酒場の女主人の大女ミス・アメリア（V・レッドグレーヴ）とその元夫のならず者のマーヴィン（キース・キャラダイン）、それとアメリアの遠縁だと称する醜い小男ライマン（コーク・ハバート）、このそれぞれ孤独をかかえこんだ三人の奇妙な愛情関係が描かれる。

「愛されるのは耐えがたい。愛する者はたえず恋人を赤裸々な姿にしようとするからだ。その結果、愛される者は愛する者を憎む」――こんなセリフを神父が口にする。考えこんでいるうちに画面はどんどん進む。

ああややこし。次第にわからなくなる。そこがいいのでもあるが、やはりこの種の心理のグロテスクは映画よりも小説の方がよく描けることを、帰宅して原作『悲しき酒場の唄』（一九五一）（西田実訳、白水社、一九九〇）を読み直して痛感する。

思えばカーソン・マッカラーズという作家を知ったのは映画「愛すれど心さびしく」（監督ロバート・E・ミラー、一九六八）によってだった。聾啞の青年が親友を失い町へ引越してきて、下宿先の内気な娘と心を通わせはじめるが……。孤独な娘が家の外階段に腰をおろして、家のなかのラジオから聞こえてくるモーツァルトの曲に耳をかたむけている――こんなシーンに胸を熱くしたものだった。

あとで原作『心は孤独な狩人』（一九四〇）（河野一郎訳、新潮文庫、一九七二）を読んでみて、映画の方がずっといいと思った。だがこれをきっかけに以後私は『結婚式のメンバー』（一九四六）その他、マッカラーズの小説の愛読者となる。

某月某日

午後、大阪の谷町九丁目にある国際交流会館へ。大阪府読書団体友の会とやらの総会で講演をするためである。気が重い。これまで講演はほとんどみな断ってきたのに、今回はなぜ引き受けたのだろう。魔が差したとしか言いようがない。

車中、予習のため資料（チェーホフの手紙、開高健のエッセイ「冷めた雑炊」など）のコピーを鞄から取り出そうとするが見つからない。忘れてきたのだ。しまった！　えい、もうこうなったら破れかぶれ。さいわい演題は「書くことと読むこと」としてある。

聴衆は高齢の女性を中心に四、五十名か。じっと私に注がれる真剣な眼差しにたじろぐ。

ざっと以下のような話をする。これまで日本の作家たちはさまざまな社会的抑圧に抗って、そこにテーマを見つけてきた。たとえば政治、貧困、性など。ところがそれらの抑圧から「解放」され「自由」に、豊かになった現在、作家は何を書いたらいいのか困惑している。――とこんな話を一時間あまりして、「しゃべればしゃべるほど陰気な話になるのでこの辺でやめます」と言って終る。

肩身のせまい思いで謝礼を受け取り帰りかけると、係の男性が「まっすぐお帰りですか」と訊ねる。「いや、ちょっと日本橋の方へ」と答えると「くにめーですか」と図星をさされ恐れいり、苦笑しつつ足速やにその場を離れる。

じつはせっかくの機会に国名で「ミストレス」（一九九一）というのを見るつもりなのだ。これはロバート・デ・ニーロ主演の、ハリウッドで映画をつくる苦心話らしい。絵かきの自殺といった暗い筋のシナリオを映画化しようと、プロデューサーが資金提供者を三人みつけてくる。ところがそれぞれに愛人《ミストレス》がいて映画に出たがり、いい役を欲しがる。そこでシナリオを何度も書き変えなくてはならなくなり、結局この話はつぶれる。

最初と最後に、このうだつの上らぬ監督兼シナリオライターがひとり自分の部屋に閉じこもり、ジャン・ルノワールの「大いなる幻影」（一九三七）を見ながら自分もあんな映画をとりたいと思っているシーンがあって、ここがよかった。

某月某日

今年最後の「よむ会」例会。作品は村上春樹『国境の南、太陽の西』（一九九二）。報告者は春樹ファンの小笠原信夫。出席者二十一名の盛会だが、この会では村上は人気がない。この作品をほめたのは報告者以外二人だけ。そのひとり多田道太郎曰く、「(途中の)中年男に腕をつかまれるとこ、石川県の田舎の川で骨灰を流すあたりからすごいなあと思いはじめた。国境の南にきれいな、大きな、柔らかいものがあるという感じ。その触覚的なイメージに現代性がある」。

反対派の急先鋒は北川荘平で、『ノルウェイの森』(一九八七)がビールなら、これはそれ以下と断じ、それをきっかけに何人かが「軽焼センベイ」、「綿菓子」とつづけ、さらには「男性器のことをよく書くけど、村上には性器コンプレックスがあるのではないか、巨根願望みたいな」、「こんなの読んで若い人が性について学習したら困る」(これは女性)などと、さすがは「よむ会」、暴論珍説百出。

終って、赤垣屋で忘年会を兼ねた二次会。村上作品についてむしかえす。

私の肴。付出しのカニときゅうりの酢のもののほかアジのたたき、くもこ、ブリの照焼、おでん(少々)、つけもの二切れ、ビールと酒、一人五千二百円。

某日

年の暮れ。すこし早い時間から晩酌をはじめ、この一年のわが「シネマのある日常」をふり返る。メモによるとここに取り上げたおよそ二十本のほかに、「大地のうた」、「ロングタイム・コンパニオン」、「ラ・ヴィ・ド・ボエーム」、「フェラーラ物語」、「ボヴァリー夫人」、「フライド・グリーン・トマト」など、計六十五本みている。このうちとくに印象に残っているのは「自由はパラダイス」、「バートン・フィンク」、「アバンチ・ポポロ」、「仕立て屋の恋」、そして「あんなに愛しあったのに」（再見）といったところか。

一九九三年

正月

今年もひまな正月である。年賀状に返事を書くのも年々おっくうになってきた。ただ謹賀新年とのみ印刷されただけのものには書かないことにする。昨年の自分の業績を書きつらねているものなど、もってのほかだ。

来客は二日の黒田徹、久家義之のみ。「VIKING」の現状への不満などを聞く。

翌日、年末から来ていた横浜の長女夫妻が帰って行き、ふだんの日常生活にもどる。

さて今年はどんな映画にめぐりあえるか。

某日

京都新聞（夕刊）の第一面に大きく「バス横転、24人死亡　邦人多数犠牲か」と出ている。

記事によると、メキシコ南部ユカタン半島のリゾート地で日本人観光客を乗せたバスが横転、乗客二十四名が死亡、二十三名が負傷したらしい。さらに読みすすむと、「ヤマダ・ミノル（音読）さん、テイコ（同）さん夫婦が重傷を負い病院に収容され、テイコさんが死亡した云々」

ヤマダ・ミノル、テイコ。テイコの字を一字変えると妻と同じ名になる。ただし、「ミノルさん」は年齢三十一歳と出ているから、間違われるおそれはないだろう。冗談にしても、安否を気遣う電話など、どこからもかかってこない。

翌日、初出勤。研究室の受付の女性から「先生は陶芸もやられるんですね」と言われ、おどろいて「いいえ」と否定すると、デスクのうえに何枚か重ねて置いてある葉書型の案内状を示す。「山田稔新匠工芸展」とある。会場は府下の亀岡市。それによると若いころから陶作をはじめ、最近は新匠工芸展を開き鉄釉緑釉など端正な作品を得意にしている由。受付嬢は私が亀岡に陶芸の仕事場を構えていると思ったらしい。

数日後、新聞の三面記事に「亀岡の陶芸家排ガス自殺？」というのを発見。おや、とさっそく目を通す。やっぱりあのひとだった。車のなかにホースを引き込んでの排ガス自殺。多額の借金をほのめかす遺書らしきものがあったと。借金の額は五千万円。その金は展覧会のためのものだったのか。それとも他に事情があったのか。ああ、五千万。

某日

「よむ会」新年宴会を兼ねた第三七四回例会。ほぼ全員の二十四名出席。久しぶりに杉本秀太郎が顔を出す。演しものは川崎長太郎『彼』（一九六二）、報告者は多田道太郎。

いくつもある川崎長太郎の作品のなかから『彼』などというあまり知られていない短篇を取り上げるとはさすが多田。だが最初読んだときは退屈で、芸のない貧乏小説だと思った。しかし報告を聞いてふーんと感心。「モノ」と「カタリ」を器用に操作しつつ多田はたくみにこうかたるのだ。

「三〇年代、這うほうの体で東京を逃げ出した川崎は故郷小田原の物置小屋で最低の暮らしをはじめ、その姿を私小説の形でかたりはじめる。暮らし衣食住の細部のモノをかたるモノガタリの頂点に立つのが『彼』である」

終ってから会場の楽友会館北室で持ち込みのシャンペンなどで新年を祝って乾杯。

某日

午後、塔之段の桑原家に遅ればせながらの年始の挨拶にうかがう。多田道太郎、西川長夫、佐々木康之、山田稔、遅れて杉本秀太郎。

田鶴夫人大いによろこび「生きていてよかったわ」とくりかえす。色白の丸顔に笑くぼのある愛嬌たっぷりな方で、いつまでも若々しい。気が若いのだ、娘のように。そして酒でほんのりと頬を赤らめ、われわれ一同の顔を見まわして、はきはきした東京言葉（出身は神戸なのだが）で、

「男の方はお年を召されるにつれて皆さん立派になられるわね。うちの主人なんか、若いときは見られはしなかったのに、年をとってからは少しはマシになったのよ。女のひとは年をとったらダメね。ホホホホ……」

某月某日

新聞に、梅原猛の文化功労者選出を祝う会のことが出ている。都ホテルで参加者千二百人と。えっ、とおどろく。千二百人って一体どんな会だったのだろう。

某日

日伊会館でフェリーニの「ボイス・オブ・ムーン」（一九九〇）をやっている。原題の *La voce della luna* が「月の声」でなくこのように英語で示されている。妙なものだ。

フェリーニとくれば見逃がせない。とくに今日は何であれイタリア映画が見たい。意味はわからなくてもあの早口の冗舌なイタリア語の音を楽しみたい気分なのだ。

さてチラシによれば、この映画はフェリーニの七十回誕生記念作品だそうで空前の大ヒット、そうと知ればあまり期待はできない。ロベルト・ベニーニを主演に、フェリーニがお遊び気分で脚本なしで思いつくままにこしらえた「豊かなイマジネーションのアラベスク」。私に言わせればフェリーニの玩具箱をぶちまけたような作品。ただイタリア語の音楽には堪能できた。

某月某日

夕方、研究室に多田道太郎現れる。真黒な野球帽みたいなものに白くXの印の入ったのをかぶっている。おどろく私にむかって「マルコムXや」とすまし顔で言う。マルコムXとは三十年ほど前に暗殺された黒人解放運動の指導者だ。多田とどういう関係にあるのか。これが「現風研」ファッションなのか。

用件は、著作集に収録する「日本小説を読む会」会報に書いた自分の報告レジュメのコピーをとるため。ふだんは秘書かだれかにやらせるのに、これは大切なことなのでめずらしく自分の手でやるという。

終ってから街に出て、四条小橋下るの小料理屋でかるく飲む。多田さんと二人きりで飲むのは何十年ぶりといった感じ。彼はほとんどモノを食べない。小さな声でしずかに喋る。このマルコムX氏は元気がない。八時すぎ別れる。

某月某日

春の嵐というか、朝から晴れたり小雪が舞ったりの荒れ模様。

午後、編集工房ノアの涸沢純平と下鴨北園町の天野宅を訪ねる。わが家から歩いて

五、六分のところ。
車椅子の上の天野さん、顔がふっくらとして好々爺の相。元気そうに見える。

持参した新刊の随筆集『春の帽子』（編集工房ノア）にサインをしてもらう。

私の定年退職後の話になる。天野さんは、この際きっぱり辞めて再就職などするなと言う。

「スパッとやめたら、そらせいせいしまっせ。それが自由というもんや」

むかし自分が公務員（奈良女子大図書館員）を定年退職したときのことを思い出しているにちがいない。

今日もまた映画の話。われわれはもっぱら聞き役にまわる。若いころ見た作品の思い出を天野さんが巧みに語る。記憶力のよさに毎度のことながら感心。私のいちばん好きな映画を問われ、咄嗟に「アマルコルド」がうかんだが、それはやめてジュリアン・デュヴィヴィエの「旅路の果て」（一九三九）、「舞踏会の手帖」（一九三七）など古いフランス映画を挙げる。天野さんに訊ねると、「ジョン・フォードの「男の敵」」と、即座に作品名を口にする。つづいて「原題はInformer、それを「男の敵」、うまいこと訳すなあ」。ただ主演男優の名が、今日にかぎってどうしても思い出せない。この映画の話は以前にも聞いたのだが。忠さん、すこし衰えたかな。

いつものようにウィスキーをごちそうになり、つい時を忘れ、夕刻お宅を辞するころには外は雪、吹雪の様相を呈してくる。車をひろい、涸沢と出町柳の酒場Tで八時すぎまで飲む。

裏通りにあるこの店は夫婦二人だけの小さな静かな店だが、冬はすっぽん鍋を安く食べさせてくれ、私は穴場として重宝しているのだ。

店を出るころにもまだ雪は降りつづいていた。

帰宅して「男の敵」のことを調べてみる。日本公開は一九三五年、天野さん二十六歳、私五歳の年である。主演男優の名はヴィクター・マクラグレン。アイルランドのIRA（アイルランド共和国軍）を除名され、金のために仲間を裏切るジポの役を演じている。すぐ電話して天野さんに教えてあげようかと考えるが、いや今ごろは思い出しているだろうとやめにする。

原題はそのものずばり「The Informer（密告者）」、アカデミー賞の監督賞、男優賞、作曲賞受賞作。若き日の天野さんはこの映画に何を思ったのか。

某月某日

蹴上の京都国際交流会館で催されているレンフィルム祭に日参したいが、勤めがあってかなわない。かろうじて四本見ることができた。前評判の高いヴィターリ・カネフスキーの「動くな、死ね、甦れ！」（一九八九）と「私はスターリンのボディーガードだった」（監督セミョーン・アラノヴィッチ、一九八九）の二作、これがとくに印象深かった。

「動くな、……」はシベリアの炭鉱町スーチャンに住む十二歳の不良少年ワレルカと相棒の少女ガーリャの生活を描いたもの。ワレルカが小学校の便所に投げ込んだイースト菌のためふくれ上った糞便が校庭にあふれ出る。そこを愛国歌を歌いながら行進させられる小学生のシーン。

いたずらをして貨物列車を転覆させ、警察の目をのがれて身をひそめるワレルカが語る死刑囚の話。その男は胸にスターリン、背中にレーニンの顔の入れ墨をしてあったので銃殺を免れた云々。自分もそんな風にして刑をのがれたい。……

モラルを無視して精一杯に生きる貧しい少年少女の生の躍動と、それを踏みにじる社会。

途中に炭坑節、五木の子守歌などが入ってびっくりするが、ここではかつて日本軍の捕虜が強制労働させられていたのだ。

おかしくて哀しい、哀しくておかしい。これは傑作である。主役のワレルカの日々の生活は監督自らのものであったという。ワレルカ役は少年鑑別所にいた少年のなかから選ばれた。

もう一本の「私はスターリンのボディーガードだった」の方は、本人のナレーションとニュース映画のフィルムによってスターリンを描くという趣向である。いまどき珍しいスターリン讃美の文句がつぎつぎ出てくる。妻の自殺以後、スターリンには女性関係はなかった。やさしい男だった。ドイツ軍がモスクワを占領したら、祝賀会を開かせぬためボリショイ劇場を爆破する計画が出来ていた、等々。スターリンの誕生祝賀会に参列した少年少女のひとりが舞台の上で「私たちは落第という言葉を忘れます」と誓うシーンには思わず笑った。

最後は、胸に勲章をいっぱいつけた主人公の老スターリン崇拝者がアコーディオンを奏でながら、スターリン讃歌をうたうシーンで終る。

見終ってじつに奇妙な印象がのこる。スターリンって、やっぱりいいひと、だったのかなと。ソ連で公開されたとき一騒動持ち上ったというが、当然だろう。

某日

「よむ会」会員梶川忠原作の一人芝居「いっさい夢に候　贋作・寺坂吉右衛門」を千本中立売西入ル京都こども会館のマチネで見る。演ずるは松本圭昌。こういう芝居を見るのははじめてだが大変おもしろい。演技もうまい。

「よむ会」のメンバーも十人ほど来ていて、終ってから日が暮れるのを待つ間、近くの喫茶店で時間をつぶす。

さて、飲みはじめようかと、千本中立売西入ルの「熊鷹」へ足を運ぶと店は閉っている。主人が死んだのだ。もう何年も来たことがないが、時代が変ったことを痛感する。私が友人とよく来ていたのは昭和二十年代後半、大学の教養部の学生のころで、この店に行けば深瀬さんに会えるというので吉田界隈からはるばる足を運んだものだ。いま英文学者深瀬基寛の名を憶えている者はどれだけいるだろう。私たちは英語を習った。冬になると休講がつづいた。痔が悪いそうだ。その痔で休講中の先生が、毎夜この店のカウンターでおやじと喋りながら飲んでいる。それを眺めるのも授業のうちだった。……その深瀬さんが死に、偏屈おやじが死に、息子が後を継ぎ、その息子も死んでついに廃業となり、こうして世の中は変っていく。

某月某日

昨秋より訳しはじめたグルニエのチェーホフ評伝、訳しおわる。五カ月かかって約五百枚。この間チェーホフ漬けだった。とくにおもしろいのは「〈あなたを愛しています〉」の章。チェーホフは大人になってからも「たわむれ」のなかの橇の若者が少女にしたような恋愛ごっこをつづけていたらしい。

某日

「よむ会」で取り上げるので丸谷才一の『女ざかり』を読むが、あまりの下らなさに投げ出したくなる。張りぼて小説とでもいうか、新聞各紙では絶賛だが、あれは一体何だ。

口直しに大阪・北浜の三越劇場にイタリア映画「魚のスープ」（一九九二）を見に行く。監督のフィオレッラ・インファシェッリというひとは知らないが題名がなにやら面白そうだし、第一私の好きなフィリップ・ノワレが出るので。

主人公イザベラ（十七、八か）にはレッロとジュリオの二人の兄（父と先妻との子）と、アンナという姉（母の連れ子）がいる。この「魚のスープ」みたいな雑多な六人家族の生活がイザベラを中心に描かれる。これは監督の少女時代の回想にもとづく話らしい。

父カルロは一九五〇年から六〇年代にかけてイタリアで活躍した実在の映画プロデューサーだそうで、ジョン・ウェイン主演の西部劇四本を五本に編集し直して大もうけするなどインチキくさい男だが、こういう父親がイザベラは好きで、その影響で自分も映画界に入っていく。この全体をつつむ胡散臭さ、独特のユーモア、あるいはアイロニー、これこそがイタリア映画独特の魅力だと思う。カルロを演じるフィリップ・ノワレの芸達者なこと。

この映画にはカルロが手がけたという設定で、往年の名画、たとえば「シェルブールの雨傘」（一九六四）の場面が挿入されたりして郷愁をそそる。おまけにテーマ曲として「慕情」（一九五五）のメロディーまで流れて。

某月某日
リリアン・ギッシュ死去。心不全、享年九十九。生涯独身を通した由。

朝日新聞の淀川長治の談話の一部。

「『散り行く花』が最高でしたね。十二歳のかわいそうな女の子の役でね、私、映画館で声をあげて泣きましたよ。とにかく、メロドラマでの可愛らしい、おどおどした役が見事でした。サイレントの女王、というより、華ですね。これほど長い寿命の、これほど立派な女優はいなかったと思います」

リリアン・ギッシュのことは天野さんからもよく聞かされていた。「『ブロークン・ブロッサムズ』……よかったなあ」と「散り行く花」（監督D・W・グリフィス、一九一九）を原題で回想していた。私も遅ればせながら大阪の近鉄小劇場でみた。しかし淀川長治のように「声を上げて泣き」はしなかった。

その前に私は「狩人の夜」（監督チャールズ・ロートン、一九五五）と「八月の鯨」（監督リンゼイ・アンダースン、一九八七）でリリアン・ギッシュを見ている。老女役のリリアンもよかった。

リリアン・ギッシュとベティ・デイヴィス、「八月の鯨」で高齢の二姉妹を演じた名花はともに散った。

某月某日

大学時代からの友人で「よむ会」会員の本田烈《あきら》から郵便書簡というのがとどく。発信の場所が北白川のB病院になっている。ふと不吉な予感が胸をよぎる。体調が悪いと聞いていたので先日見舞のはがきを出しておいたのだが。食道癌のため手術することになったとありショックを受ける。小さな癌だが食道全部を切り取り胃と咽喉をつなぐ。二カ月ほど入院する云々。

こういう重大深刻な病のことを本人から直接打ち明けられるのははじめての経験で、気持が動揺し夜眠れず。

後日、本田の自宅に電話する。奥さんが出て、十二時間におよぶ手術だったがうまくいったことを告げられ、少し安心する。しかしあの痩身の本田のことゆえ体力がずいぶん消耗しているだろうと痛ましい。

某月某日

イタリア語の学習は二年目に入り、講読（伊文和訳）と会話に分れた。受講生は両方とも十名ほどにまで減っている。担当は講読の方はイタリア文学科助手のKさん、会話はニーノさんである。ニーノは愛称、正式の名はジョヴァンニ・ペテルノッリ。ボローニャ大学で仏文学を講じるこの先生は日本語も堪能で『婉という女』（一九六〇）をイタリア語に訳していて、その関係で作者の大原富枝と親しく、私はその大原さんの紹介でニーノさんには一度だけ会っている。

年は私より少し若いか。痩せてひどく背が高く、こめかみの血管が透けて見えるくらい色が白い。同様に水のように淡い色の眼が神秘的な印象をあたえる。たしかに「変ったひと」だ。

ニーノさんは毎回、数人の生徒相手に簡単な日常会話を教えるほか、書き取りをする。その声は静かで、やわらかく、どこか歌うような抑揚をもっている。

イタリア語の書取りはフランス語のそれと比べると易しい。私は書く方は早々と済ませ、あとは目を閉じ、反覆されるニーノさんのイタリア語の発音に耳を傾ける。週に一度の幸せなひととき。

某月某日

しばらく前から市バスの車内でBGMが流されている。狭い車内の天井二カ所に付けられた性能のよくないスピーカーから主に軽音楽、いわゆるムード・ミュージックが絶え間なく流される。クラシックのこともある。最初は驚き呆れつつも辛抱していた。しかし毎日の通勤の行き帰りのことでついに我慢しきれなくなり、私も会員である「拡声器騒音を考える会」の他の二人を誘って、朝から京都市交通局に抗議しに行く。先方は五名の職員が親切に応待してくれるが、BGMをよろこぶ声もあるからと言って、BGMをやめそうにはない。

京都新聞に投書。すると賛否両論の反響で紙面はにぎわった。車内での読書の邪魔になるからやめてくれとか、今どきの大学の先生はバスの中で音楽をたのしむ心のゆとりもないのか、等々。結局、世論はBGM反対にかたむき、まもなく市バスのなかは静かになる。

某月某日

前夜の雨の残る祝日の朝、八時すぎに起床、予定通り出かける。

サラ・ムーンの「ミシシッピー・ワン」（一九九一）。昨年大阪のシネマ・ヴェリテで見逃がし、以後もなかなかみられず（予告篇はあちこちで三回も見た）、今回やっとみなみ会館での最終日（朝十時からの一回きり）でつかまえることができたのだ。私の頭には、三度も予告篇で聞かされた少女のせりふ「女は泣くから長生きするんだって」がしみついている。

東寺駅に着いたころ雨は上り空は明るくなる。みなみ会館に近づくと前を三人の若い女性が歩いていて、見ているとパチンコ屋のわきの狭い階段を上っていく。二階の券売機のところにも若い女性が二、三人並んでいるではないか。ここでは前代未聞のことだ。場内をのぞく。およそ百五十席ほどのほぼ七割が女性だ。サラ・ムーンってこんなに人気あるのか。

サラ・ムーンはフランスのファッション写真家。「ヴォーグ」、「マリ・クレール」などに作品を発表していて、私も何年か前、大阪の大丸で作品展を見たことがある。

さて、肝腎の映画は――。

主人公のアレクサンドラ・ウルフは八歳の少女。テレビのコマーシャルのモデルをしながら歌手の母親と二人暮らし。父は死亡している。ある日、アレクサンドラ（アレックス）は見知らぬ男に誘拐され、車に乗せられ方々を転々とする。最初は多分パリ。そこから北へ、国境を越えてベルギー、オランダ方面へ向かう。二人がしゃべっているのは英語とフランス語らしい。

この男は何者か。かつて精神病院に入院していたらしく、いまも時間どおり薬を飲んでいる。国境を越えるときに示したパスポートにデイヴィッド・ウルフとあるので、じつは死んだことになっている父親らしいのだが。

最初のうち泣き叫んでいたアレックスもやがて男のやさしさにおとなしくなり、しまいには友だちみたいに仲よくなる。あるとき湖のほとりで、女性と親しくしているデイヴィッドを見てはげしく嫉妬し、ナイフで自分の額を切る。

ところで題名の「ミシシッピー・ワン」とは何か。それはアレックスが持ち回っているポラロイドカメラで撮った写真が出来てくるまでの秒読みに唱える文句なのだ。「ミシシッピー・ワン、ミシシッピー・トゥー……」という風に。

北の国のさびれた港町にたどり着いた二人は安宿に泊る。翌朝、日曜日のせいか家々は閉まり人っ子ひとりに見えないなかに、メリー・ゴーラウンドの馬が動き音楽が流れている。そのシーンがすばらしい。男は停めておいた車がめちゃくちゃにされているのを見てすすり泣く。するとアレックスが言う。「泣きなさい、以前に乳母が言ってたよ、女は泣くから長生きするんだって」。このせりふ、やっと出ました。やがて「自立」した少女は男をひとり残して去って行き、男は車の中でピストル自殺をとげる。

モノクロにかすかにセピアで着色したしぶい色調の画面が美しい。アレクサンドラ・カピュアの扮する八歳の少女、黒い大きなベレ帽をかぶり、小さな体に早や女ごころを育むアレックスがうまい。そしてデイヴィッド・ロウ扮する精神を病む男も。ヴィヴァルディの歌曲をアレンジした音楽もすばらしい。つまり何から何まで私の好みである。

朝から出かけてきた精進ぶりを嘉し給うたシネマの神さま、心より感謝いたします。

某月某日
深夜に目がさめてふたたび寝つけなくなる。定年退職後のことを考えているうちに、ふとこの間、天野さんを訪ねたとき言われたことを思い出す。定年で大学をやめたら再就職などせず、すっぱりと自由の身になるようにと。そしてぱっと思いつく。そうだ、来春の定年退職のさい、名誉教授の肩書を辞退しよう、京都大学いや「大学」そのものときっぱり手を切ろうと。肩書はわずらわしい。肩書のないただの一市民として余生を過ごそう。……

眠りはついに戻らず、外は早や白みはじめる。

某月某日

大阪の「くにめー」でミハイル・ロンム監督の「一年の九日」(一九六一　日本公開九三年)をみる。ロンムはソ連の国立映画大学の教授としてアンドレイ・タルコフスキー、ミハルコフ兄弟らを育てた有名な人らしいが私は知らなかった。

シベリアの町の原子力研究所で中性子の研究に没頭する二人の若い研究員グーセフとクリコフ。そこにもう一人女性研究員のリョーリャがいて、彼女の思いはグーセフとクリコフの間で揺れ動く。だがグーセフが放射能を浴びたことを知ると、彼と結婚する。グーセフはその後も研究をつづけるが発病のため研究は挫折。その後をクリコフが引き継いでつづける。こうした放射能という危険な環境のなかでの愛と友情、それをしずかに描くモノクロの画面がじつに美しい。この作品、最近の発見である。さりがは「こだわり日本一の映画館」だ。

某月某日

午後、東京へ。宿に荷物を置き「野間宏の会」出席のため神楽坂の日本出版クラブへ。会場で西川長夫、「VIKING」の青木敬介らに会う、講演会のテーマは「明日の地球を考える――野間宏の言い遺したこと」。

「暗い絵」（一九四六）の中国語訳者の張偉による野間文学についての報告の後、安岡章太郎が講演。

自分も戦争体験を描かねばならぬと考えながらも、戦闘の体験がないので書けないとあきらめていたところ、戦闘体験のない野間宏が『真空地帯』（一九五二）を出した。しかしあの人は陸軍刑務所という怖ろしい所の経験者で、とても敵わず、この八百枚ほどの小説を読み通せなかった。読めば圧倒され、自分では何も書けなくなりそうでこわかったのだ。八百でなく三百五十枚ほどにしてほしかった。あの小説の主人公の木谷が被差別部落の出身者であることがはっきりと書かれていない。そのことを野間さんにただすと、それを書くといろいろと当りさわりが生ずるので書けなかったということだった。部落差別の問題を描くことの難しさを痛感した。

つぎに黒井千次。

野間さんは人と会ったとき挨拶として、口をとがらしくぐもった声で「書いていますか」と言うのが癖だった。酒の飲めぬ自分にむかって「酒の飲めぬ小説家なんて考えられない」と言った。後年病気でジュースしか飲めなくなった野間さんにむかって「酒の飲めなくなった小説家はいかがですか」と訊ねたくなったが、その言葉は呑みこんだ。

講演の後のパーティーでは、埴谷雄高の発声で献杯。埴谷さんはさきほど武田百合子（享年六十八）の葬式で弔辞を読んだばかりだそうで、いかにも疲れた様子で杖を突きながら現れ、着席したまま喋った。この会が文学の本質を追求する場になるよう願うと。声はしっかりしている。井上光晴と議論し合ったため声だけは大きくなったと言って会場を笑わせる。

パーティーの後、川西政明に誘われて西川といっしょに新宿の地下のバアへ。やがて他の作家や編集者がやって来て騒々しくなったので、西川と早々と席を立つ。

某月某日

テアトル梅田でヴィクトル・エリセの「マルメロの陽光」（一九九二）をみる。待っていた作品だが期待はずれ。あまりに静かすぎて二時間二十分を長すぎると感じる。この種の、芸術を対象にした映画、この場合はマルメロの木を描く画家の製作過程を追うというものだが、これは映画の魅力を殺すようだ。エリセは「ミツバチのささやき」（一九七三）がやはり最高だろう。どの芸術家にもピークは一つしかないらしい。文学者もまた。

往復の車中で、「文藝」の松下竜一の長篇『怒りていう、逃亡には非ず』を読む。日本赤軍ダッカ事件で人質解放のための身代りとして赤軍派によって指名された刑事犯泉水博について書かれたもの。なかなかの力作。ノンフィクションの勝利である。なんという人生かと、泉水博の生涯を思い暗澹。

某月某日

所用で上京。

岩波ホールで中国＝香港合作映画「乳泉村の子　清涼寺鐘聲」（一九九一）をみる。

私の常宿から近いので、上京するとかならずここで映画をみるようになった。監督は傑作「芙蓉鎮」（一九八七）の謝晋《シエ・チン》。彼を信頼し、内容について全く知らぬまま出かける。

平日の昼さがりというのに満席である。それも高齢の女性が大半を占める。うーむ、東京ちゅうところはやはりちがうなと肩身のせまい思いで、おしゃべりに夢中の奥さま方の間に割りこむようにして坐る。

映画は中国残留孤児をあつかった母もの。道理で女性観客が多い、というのは偏見か。生みの母を演ずるのは栗原小巻。ところで老女に扮した彼女の顔が「ＶＩＫＩＮＧ」会員のあのひとに似ているなあ、成長して明鏡なる名僧となった孤児の澄まし顔が元巨人軍の投手の江川に似ているなあ、などといちいち気が散る。そんな自分がおかしくて思わず笑ってしまうのだが、そこは母もの、こちらも年をとって涙腺がゆるんでいるので笑いと涙がいっしょくたになって訳がわからなくなる。とにかく今日の日本ではめったに製作されなくなった堂々たる母もの映画を見せてもらった。

某日

大学の保健診療所の皮膚科で手の親指のいぼを焼いてもらう。このいぼはウイルス性のもので、放っておくとどんどんふえていくのだそうだ。液体窒素（沸点マイナス一九五度）に漬けた綿棒のようなものの先端をいぼに押し当てて焼く。じゅうと小さく煙みたいなものが上る。痛い。相当に痛い。医者は私の表情をうかがいながら三回、四回と新しく液体窒素をふくませた綿棒を押し当てる。ついに「痛あ！」と声が出る。「痛いでしょう。相当痛いことをしているんですから」、医者は平然と言う。こういう治療をあと二、三回うけなければならない。

某月某日

三越劇場で「野性の夜に」（監督シリル・コラール、一九九二）を、またその後、扇町ミュージアム・スクエアで「季節のはざまで」（一九九二）をみる。後者は傑作「ラ・パロマ」（一九七五）のダニエル・シュミット監督のものだからぜひみておきたい。

久しぶりの扇町ミュージアムは改装されていて、以前はパイプ椅子だったのが普通の椅子に替り、スピーカーの性能もよくなっている。やっと普通の映画館になったわけだ。

「季節のはざまで」。原題は*Hors Saison*（「季節はずれ」）、題からして私好みである。祖父の経営するスイスの田舎のホテルで育った少年ヴァランタンの回想、祖父母から聞いた若い日々（ベル・エポック）の思い出話、ホテルに出入りする男女のどこか謎めいたエピソード――夢と現実の入り交じった世界。やはりダニエル・シュミットはすばらしい。

某月某日
夏に入る前ごろからまたニャンの様子がおかしくなる。食欲なく、じっとしている。去年のときよりも衰弱がひどいようだ。また腎臓がわるくなったのか。それとも老衰か。すでに十八歳、寿命に近いだろう。ふだんから臆病なニャンをまた医者に連れて行って注射を打ってもらうような、そんな痛い目にはもうあわせたくない。家の者といろいろ相談したあげく、このまま様子を見守ることにする。

某月某日
井伏鱒二（本名満寿二）死去。享年九十五。

数日後、「よむ会」の会報に井伏のことを書かせてほしいと佐々木康之から申し出がある。寡作の彼にしては珍しいことだ。ぜひと言っていたその原稿がとどく。題して「大作家井伏鱒二氏の死」。

中学生のころ先生からもらった一九三〇年発行の『夜ふけと梅の花』を「心の支え」としてきた。ところが一九六四年に筑摩書房から出はじめた全集の第一巻に収められた『夜ふけと梅の花』のなかの一篇「朽助のいる谷間」を読んで愕然とした。三十八ページほどのうち六ページ以上が「斧正という嫌な言葉さながらに、ばっさりと削りとられていた」のである。

「いったいそんな権利が、いくら原作者だといって、大作家になったにせよ、井伏鱒二にあるだろうか。（中略）そのときから三十年近く、大作家井伏鱒二氏の早い死を祈ってきた。氏の訃報はだからわたしを悲しませない。大好きな青年作家井伏鱒二の作品は、もうわたしたちのものである」

まったく同感である。文壇やジャーナリズムではこんなことは書けまい。例の『山椒魚』の終末の一部の削除を「文学への厳格な姿勢を晩年まで崩さなかった」（朝日新聞）などと持ち上げるが、あれは老大家の思い上り、あるいは一種のボケではあるまいか。
私が井伏を読んだのはわりに遅くなってからだ。ごく初期の「鯉」、「屋根の上のサワン」などの短篇もいいが、後の「鶏肋集」（一九三六）、「半生記」（一九七〇）、『荻窪風土記』（一九八四）、などの随筆風のものの方がもっと好きだ。『荻窪風土記』のなかでだったか小山清のことにふれて「文学青年窶れ」という言葉を使っていたこと。それを「同人雑誌やつれ」と読み替えて考えたことなどを思い出す。

某日
みすず書房の尾方さんから、グルニエのチェーホフ評伝（『ごらんなさい、雪が降っている　チェーホフの印象』）の邦訳題を、副題を生かして『チェーホフの感じ』としてはどうかと言ってくる。いい題だ。それに決める。

某月某日
「カムカム英語」の平川唯一、肺炎のため死去、享年九十一。戦後間もなくラジオで「しょ、しょ、しょじょじ」という「証誠寺の狸囃子」のメロディーで「カム、カム、エヴリバディ…」と歌っていた英会話の時間、いまも歌詞をおぼえている。How do you do? and How are you? Won't you have some candies? 1 and 2 and 3, 4, 5… あれが戦後のはじまりだった。

某月某日

『チェーホフの感じ』が出来上ってくる。表紙は銀色の地に黒く、頬ひげを生やし眼鏡をかけた晩年のチェーホフの顔写真——一般に世に知られたチェーホフ像を印刷してある。全体にすこし暗いか。私としてはチェーホフの顔を出すのなら、三十代の健康でハンサムな顔にしてほしかった。

某月某日

『チェーホフの感じ』の書評が出はじめる。毎日新聞が「本と出会う」の欄で大きく取り上げてくれた。評者はこんども須賀敦子。

この本は正面きった作家論ではなく、いくつもの断章によってチェーホフの人間像を描き出そうとしたものだが、「チェーホフの作家的本質を断片で構成して物語るという斬新な方法に、感歎と羨望をおぼえる」と書いている。
そのほかロシア文学者の中本信幸、詩人の荒川洋治らが取り上げてくれた。

某月某日
大阪、扇町ミュージアム・スクエアでやっているベトナム映画祭が今日で終る。せめて一作でもと「河の女」（監督ダン・ニャット・ミン、一九八七）をみに足を運ぶ。車中、エイミ・タンの『ジョイ・ラック・クラブ』を読みつぐ。じつにおもしろく、電車を降りるのが惜しい。
映画の方も期待どおりだった。ベトナム現代史の一挿話ともいうべき物語。
いまは共産党の高級官僚の地位におさまり、ジャーナリストの妻リヨンとしあわせに暮らしている男のもとへ、かつてパルチザン時代、逃亡中の身をかくまってくれた元売春婦の女ニュエが訪ねてくる。しかし男はそんな女は知らないと追い返す。妻のリヨンは、いまは更生したニュエに会って身上話を聞き、ルポルタージュとして党の機関紙にのせようとするが役人である夫に止められる。彼女は夫を批判し彼と別れ、ニュエを探し出して、あれはやっぱり人違いで、彼女の探している彼は闘争中に死んだのだとつげる。

某日

腰痛がまたひどくなる。翻訳の仕事がこたえたにちがいない。以前入院した一乗寺のK整形外科へ。尻に注射をうたれる。

某月某日

日伊会館でロベルト・ロッセリーニの往年の名作「無防備都市」（一九四五）をやっている。懐しくなってみることにする。フィルムの状態はわるいが、今でも十分見ごたえのある傑作だ。子供たちがじつにうまい。最後のところ、ユダヤ人を教会にかくまったかどでナチスにより銃殺される神父の姿を柵ごしにながめ、黙々と帰って行く少年たちの姿。そのシーンを見つめながらはげしく胸をゆさぶられ、しばらく動けなくなった遠い日の感動がよみがえる。

某月某日

午後、お見舞いをかねて天野さんを訪ねる。涸沢純平同行。半年ほど前とくらべ衰えが目立つ。蒼白くむくんだ顔。車椅子のうえで腹がせり出している。肉体的にどこといって悪いところはないそうだが、床ずれがひどいと言う。下半身が麻痺していて痛みを感じないため、いっそう擦ってひどくなる。

話題は今日も前回とほぼ同じ。井伏の死んだことを大変さびしがる。また幸田文の文章のうまさをしきりに褒める。

映画の話も出る。「最後の人」というドイツ映画、「原題はラースト・ラフターやったかなあ」と（後で調べてみたら原題も「最後の人」で、監督はF・W・ムルナウ。主演はエミール・ヤニングス、一九二四年作品）。

そのほか少年時代の思い出話――新京極（「そのころは第二京極いうてました」）で三十銭で映画をみて四銭で冷やしアメを飲む。「冷たすぎて頭がツーンと痛おなって、半分しか飲めんかったなあ……」

「冷やしアメが四銭やて、よう値段のこと憶えたはる」とそばから奥さんが笑う。

こういう思い出話はすでに随筆で読んでいる。それが天野さんのおだやかな声と話しぶりで繰り返されるのを何度も聴く。それは私の耳に、はるか昔の声のように懐しくやさしくひびく。
別れしなに私たちは口々に「どうぞお大事に」と言う。天野さんはもう以前のように「またどうぞ。私はいつもヒマですさかい」とは言わない。

某月某日
梅田のシネマ・アルゴで韓国映画「ホワイト・バッジ」（監督鄭智泳《チョン・ジヨン》、一九九二）をみる。これはすごい映画、秀作である。
時は一九七九年、朴大統領暗殺に騒然となっているころ、一人の新聞記者がベトナム戦争従軍の体験をもとに小説を書こうとしている。回想形式で描かれる戦場での数々の残虐行為。ある日、彼はかつての戦友と連絡がとれてやっと会うことができるが、その男は戦争の後遺症のため精神的に破綻していた。
韓国がベトナムに派兵した事実は知っていたが、これほど詳細に描かれ再現されるのを目にするのははじめてだ。アメリカ軍の残虐行為はしばしば取り上げられたが、もっとも残虐だったのは韓国軍だとこの映画は語っている。おびえと恐怖がそうさせたのだ。この「勇猛なる」兵士に与えられる最高の勲章がホワイト・バッジ。

アメリカ映画のかげにかくれがちだが、これもまたベトナム戦争の後遺症に苦しむ現代の良心を描いたものとして忘れられない。原作はアン・ジョンヒョの同名小説。この秀作、どこかで紹介され評判になったのかどうか。うわさを耳にしたことはないのだが……。

某日

雨のなか、夕方六時半より蹴上の国際交流会館へ私の好きなクシシュトフ・キェシロフスキの「偶然」を見に行く。

一人の青年の、偶然によって変る三つの人生行路を想定して描いたものだが、期待はずれ。たとえば三番目の可能性の人生はつぎのようになる。なにごとにも慎重な暮らしをしてきて、出世コースにのったかに見えた医学者がリビアへ出張する途中、飛行機が爆破されて死ぬ。これなど「偶然」では話が単純すぎる。

某月某日

番外篇・日本映画。

小津安二郎回顧特集が朝日シネマで始まった。戦後の作品はほぼ全部見ている。それで今回は戦前のサイレントのものを選んで見ることにする。一本七百円均一。

「東京の宿」（一九三五）がよかった。岡田嘉子をはじめてスクリーンでみた。みずみずしい美しさに打たれる。時代が異なるが原節子などより私は好きだ。岡田嘉子のソ連での悲惨な体験を思い出す。

飯田蝶子の若いころからの芸達者ぶり。

ホールで人文研の宇佐美斉君と一緒になる。悪所で顔を合わせた者同士のバツのわるそうな笑み。「東京の宿」一本だけで帰るつもりのところを、彼にさそわれ次の作品「若き日」（一九二九）もみる。斎藤達雄、うまい。

終って外へ出ると日が暮れている。近くのビヤホールで宇佐美と軽く飲んで別れる。

翌日。

今日も小津。戦前のサイレントものに俄然興味がわき、夜七時半から「淑女と髯」（一九三一）をみる。岡田茉莉子の父親の岡田時彦をはじめてみる。うまい。予感的中、また宇佐美と一緒になる。映画が終ったのが九時すぎで、もう昨日のビヤホールは閉店である。まあ今日はやめとこうと言って別れる。

翌日。

「東京の合唱《コーラス》」（一九三一）。岡田時彦と八雲恵美子。斎藤達雄のとぼけた味。子役で高峰秀子が出る。

一日おいてさらに「長屋紳士録」（一九四七）、「突貫小僧」（一九二九）、「その夜の妻」（一九三〇）。翌日「青春の夢いまいづこ」（一九三二）。モダニズムの新鮮さ。

あるイギリスの映画評論家が言ったそうだ。「チェーホフが映画監督なら、小津のようなやり方をするだろう」と。

ついでに戦後の名作といわれる「晩春」（一九四九）をもう一度見てみるが、やはりあまり好きにはなれない。紀子（原節子）にむかって、かつての同級生アヤ（月丘夢路）が「ヒス！」と言うところで笑った。なつかしい言葉だ。父親（笠智衆）の助手の服部（宇佐美淳）が紀子に「巖本眞理提琴演奏会」の切符をおくって断られたり、鎌倉から東京へ走る国電の車輛のうちの一輛に白い帯が入っていて、あれは進駐軍専用の車輛だったなと思い出したり、風俗的にもなつかしいシーンがいくつもある。戦後のものでは「東京物語」（一九五三）が断然いい。こちらは笠智衆ひとりでもっているといってよいような作品だと思う。もちろん脇の杉村春子、山村聰らの好演あってのことだが。

某月某日

「豚と天国」（監督フランシスコ・ロンバルディ、一九八九）というペルー映画を見に「くにめー」へ。

自殺しようとした娘をディスクジョッキーの男が助けて庇護しているうちに欲望にまけ、娘が夜眠っているときに下着をまくる。するとおお、腹部におそろしい大きな潰瘍のような傷跡が。男はぎょっとする。

欲の皮の張った老婆が息子に殴られ豚小屋に転落。そこへ飢えた豚が寄って来て、老婆は豚に食われる。

立派な墓をこしらえようと、金策に走りまわる老夫婦の滑稽。

このようなグロテスクな話があって、けっこうおもしろい。

後日、またおなじ「くにめー」でブラジル映画「美女と鳩の寓話」（監督ルイ・ゲーラ、一九八八）というのをみる。これはガルシア・マルケスの小説「愛の不条理」を映画化したものらしい。

フラビアという子持ちの若い女と大地主の青年オレステスが関係をもつ。それがばれてフラビアは夫に咽喉をかき切られて死ぬ。さて時は過ぎ、老いたオレステスがフラビアの墓（といってもただ名を刻んだだけの石だが）に参る。その後姿が映し出される。そして彼がこちらをふり向くと、顔は生白いミイラのようなしわしわの顔になっている。マルケスらしい話。これもB級佳篇。

某月某日

大阪のフェスティバル・ホールで、ウィーン国立フォルクス・オーパによるレハールの「メリー・ウイドウ」全曲を聴く、というか観る。ハンナをガブリエーレ・フォンターナ、ダニロ伯爵をヴォルフガング・グラースホフ。ハンナの歌う「ヴィリアの歌」、ハンナとダニロの二重唱（「唇は黙し」）。フィナーレのカンカン踊りに思わず頬の筋肉がゆるみ胸がおどる。体が動き出しそうになる。

二十世紀初期のウィーン情緒というのが私は好きなのだ。レハール、ヨハン・シュトラウスのワルツとオペレッタ。幼いころレコードで繰り返し聴いていて、そのリズムが心に、というより体に染みついているみたいだ。

某月某日
「こんにちは。『シネマのある風景』やっと読みました。相変らずマイナー路線ですね。こちらは忙しくて映画館どころではありません。なにごとも習慣が大事」

住所も氏名も記されていない。それでも判った、〈アリス〉だ。

〈アリス〉というのはむかしある小さな映画サークルで親しくなった女性で本名は別にあるのだが、私は勝手に〈アリス〉と呼んでいる。学習塾で英語を教えていた。小柄で髪を短くカットしているので若く見えるが、じつは私より二つか三つ年上だったと思う。私の『スカトロジア』を読んでいて、そんなことがきっかけで親しくなったのだった。

ときどき会って映画や文学の話をした。古いシャンソンあるいはクラシック音楽のレコードのかかっている喫茶店、または酒場で。彼女は酒が好きだった。

あるときアメリカン・ニューシネマの話になって、彼女は「タクシー・ドライバー」のマーティン・スコセッシ監督の「アリスの恋」(一九七四)というのを見るようにすすめ、「ヤマダさん向きなのよ」と、いらずらっぽく私の顔を見て笑いながら言った。

こんな映画だった。

若いころ歌手になりたかったアリスという中年の女が亭主に先立たれた後、子を連れて家を出て、途中酒場で歌ったり、男にだまされたり、安食堂で働いたりしながら故郷への旅をつづける。

ある日、食堂の多忙な昼どき、給仕女の一人の姿が見えなくなって主人が「どこへ行ったんだ！」と怒鳴ると、もうひとりが「ウンコに行ったのよ！」と大声で返事をする。そばにいたアリスは悲鳴を上げ、両手で顔を覆ってしゃがみこむ。ははあ、ここだなと思った私は次にビアホールで会ったとき、そのことを言った。

「最初、アリスが泣き出したのかと思いましたよ」と言うと、

「ちがうのよ！　笑い出したのよ！」

酔いで上ずった声でそうさけぶなり彼女は両手で顔を覆って笑い出した。

最初、映画のシーンを真似しているのかと思った。しかしいつまでも止まらない。顔を手で隠し肩を震わせているのを見ているうち心配になった私は、そのまま彼女を店から連れ出しタクシーに乗せて家の近くまで送って行った。……

もう十年、いやそれどころか二十年も前のことだ。いまふり返ってみるとあれは笑っていたのか泣いていたのかさえわからなくなってくる。本人は憶えているだろうか。忙しいと書いてあるが、〈アリス〉さん、あなたはいまは何処で何をしているのです。スクリーンでアリスを演じていたのは誰だろうと調べてみるとエレン・バースティン、この役で　アカデミー賞主演女優賞をもらっている。ところで「アリスの恋」の原題は、*Alice doesn't live here anymore*「恋」などどこにもない。

某月某日
京都新聞の朝刊で天野忠さんの死を知り、思わず「あっ」とさけぶ。前夜七時半ごろ亡くなったらしい。享年八十四。死因は多臓器不全。三カ月ほど前にお宅にうかがったときはわりに元気そうだったのに。

早速、天野家へ弔問にうかがう。

「お父ちゃん、山田さんよ」と夫人が語りかける。わずか二、三日の入院だった由。

「死んだという気が全然しいしません」

大学で勤めをすませた後帰宅し、『動物園の珍しい動物』を読み返す。七時、寺町出雲路下ルの天寧寺でのお通夜へ。その後、涸沢純平とふたりで出町柳の例の酒場で飲みながら、天野家でともに過ごした幸せな時間を思い返しながら故人を偲ぶ。

翌日、朝日新聞に死亡記事がのったが、取り扱いの小ささにおどろく。見出しも顔写真もないベタ記事。わずか九行。死因と葬儀の日時および場所以外のことは何も記されていない。詩集の一冊も。まあそれでいいのだ。この方が天野さんらしい。

夜半からのはげしい雨もさいわい上る。午前十一時より天寧寺で葬儀。弔辞は「骨」（詩誌）元同人の大浦幸男、「ノッポとチビ」の河野仁昭。弔電披露は詩人の大野新。松田道雄さんの姿も見えた。

葬儀の後、杉本秀太郎、涸沢純平の三人で烏丸京都ホテル地下の中華料理店で昼食。


二日後。

わたしも死ぬときは
あーあというであろう

あんまりなんにもしなかったので
はずかしそうに
あーあというであろう。

『動物園の珍しい動物』のなかの一篇「あーあ」を冒頭に引いて、京都新聞の「凡語」が天野忠を追悼している。

「老いと死は、天野さんの若い日からのテーマである。生きることに心せく生きざまではなく、さりとて悠揚迫らぬ大人の風格を漂わすというのでもない。自分を客体化し、辛辣なユーモアを含羞に包み込み」云々、そしてこう結ぶ。

「天野さんの訃報に接し「あーあ」と嘆息する思いである」

ほんとにあーあだ。

私の書斎に額に入った天野さんの色紙が一枚ある。編集工房ノアの創業十周年記念の出版物展示会に出品されたものを後日、ノア社主より譲られたのである。『讃め歌抄』(一九七九)のなかの一篇。

石

百九十米ほど
まっ直ぐ跳んでみたい
と
かねがね思っていた石がいた。

しかし
跳ばないで
そこに居た。

いまも

そこに居る。

以前、ある親しい大学の先生（女性）への手紙のなかで、私自身の近況を伝えるためにこの詩を引いたところ、「わたしへの当てこすりですか」と、ひどく腹を立てられたことがあったが……。

某日

訃報相次ぐ。こちらは各紙とも大きく、顔写真付きで。

マキノ雅弘死す。「邦画界最長老・261本を監督」、享年八十五。

二日後。フェデリコ・フェリーニ死す。享年七十三。

脳出血のため倒れたがいったん回復、妻のジュリエッタ・マシーナと食事中に心臓発作、意識不明の重体がつづいていた。まもなく金婚式だった由。

私の最愛の映画監督が死んだ。「道」（一九五四）以来何本も作品を見ているが、私のベストワンは断然「アマルコルド」。これは「私は思い出す」という意味らしい。フェリーニは言う。

「私は人生を生きるよりも思い出す方が好きだ、思い出のなかに生きたい」

先日見た七十歳誕生記念の「ボイス・オブ・ムーン」（一九九〇）が結局遺作となっ

た。

淀川長治の談話。

「フェリーニはイタリア映画の監督の見事な代表でした。特に素晴らしかったのは「8½」。映画の感覚を新しく変えた、歴史に残る作品でしたね。「道」もあの人らしい。いい映画ですが、私は「8½」がフェリーニの一番。次に「アマルコルド」が好きですね。同じくイタリアを代表したビスコンティがこわもてなら、フェリーニの作品は柔らかさが特徴でした。」

さらに二日後、「朝日」の朝刊の死亡欄に大橋吉之輔の名を見つけ、またあっと胸のうちでさけぶ。享年六十八。死因は肺炎。しかし長年人工透析をつづけていたひとだから実際は腎臓の病気なのであろう。〈アンダスン馬鹿〉を自認するこのアメリカ文学者とは面識はなく、彼が「三田文学」に発表したエッセイがきっかけで何度か手紙のやりとりをしただけだがそれでも、忘れえぬひととなった。

某月某日

大阪の三越劇場でクロード・ソーテ監督の「愛を弾く女」（一九九一）をみる。原題は「冬のこころ」、つまり冬のように冷たいこころの男、恋も友情も感じることのできない男を描いた作品なのである。

主人公の性格がおもしろい。ただその男、バイオリン作りの職人ステファンを演じるダニエル・オートゥイユの目つきが、私の知人に似ていてどうにも邪魔になる。

エマニュエル・ベアール演じるところのバイオリニスト〈愛を弾く女〉の感情の起伏のはげしさがおそろしい。こりゃ、たまらん。

某日
大阪は天六（天神橋六丁目）のホクテン座（ここは「くにめー」の姉妹館みたいなところだが）で中国映画祭をやっている。全部で六本のうち見られたのは「香魂女―湖に生きる」、「青島アパートの夏」、「北京好日」の三本だけだが、「北京好日」（一九九二）がずばぬけておもしろい。題名を見てすぐ思ったのは林語堂の同名の小説、しかし全然別のものだった。原題は「找楽」で、For fun という英語の題名が添えられている。友人の中国文学者にたずねると「找」は「求める」の意味だそうで、なるほどと納得する。監督は寧瀛《ニン・イン》という一九五九年生まれの若い女性。

定年退職した元劇場管理人の韓《ハン》老人が、公園で京劇の稽古をしている定年退職の老人グループを組織する話だが、その老人ひとりひとりが個性ゆたかでおもしろい。とくに女形の万有《ワンヨウ》がどこやらグロテスクである。かつて政府の役人だったこの声のおかしな男は、いまでも威張りたがって韓老人と対立する。コンクールを目ざして稽古を重ねる老人たちの態度は真剣そのものなのだが、それを描く監督の視線にアイロニーが感じられ、そこがおもしろい。京劇ごっこ。英語の題名どおりFor funである。

中国映画のトーンとちがうどこかヨーロッパ的なセンス。文化大革命を描いた傑作「中国、わがいたみ」（一九八九）の監督戴思杰《ダイ・シジエ》（彼はパリで映画を学んだ）に通じるところがあるなと思って後でチラシを見たら、「北京好日」の監督はイタリアで映画を学び、ベルナルド・ベルトルッチの「ラスト・エンペラー」の助監督をつとめたひとだそうな。なるほどそうかと思う。最近の秀作である。

某月某日

夜、学生と会食することになっているが、それまでの時間つぶしに朝日シネマで英伊独合作の「マイセン幻影」（監督ジョルジュ・シュルイツァー、一九九二）というのをみることにする。原題は「ウッツ」、主人公の名前だけをごろんと投げ出したようで、相変らず愛想がない。

映画は名陶磁器マイセンに魅せられたウッツ男爵の、コレクターとしての数奇な人生を描いたもの。蒐集趣味のない私にはそうおもしろくはない。同じコレクションものなら、むかし見たウィリアム・ワイラーの「コレクター」（一九六五）――蝶の蒐集家が女を「採集」しようと執念をもやす話――の方が人間を深く描いていたように思う。

映画が終って学生のHさんとばったり出会う。彼女も今夜の会食組の一人で、それまでの時間つぶしにやって来たらしい。顔を見合わせて笑い、映画の感想を語り合いながら会場のフランス料理店まで同行する。彼女は私より映画にくわしい。

集まる者、私のほか五名。うち四名が女性で、ひとりだけの男性は独文科のK君である。いずれも私の最後の受講生。よくぞ辛抱づよく付き合ってくれたと謝意を表すべく、今夕は私の招待である。

この二年間に仏文科の演習で読んだヴィリエ・ド・リラダンのために乾杯。『残酷物語《コント・クリュエル》』のいくつかの場面を思い返しながら笑いのうちに話が弾む。酒もすすむ。

最後にKさんから赤いカーネーションの花束を渡される。二次会は近くの地下のスナックで夜半すぎまで。

これも退職までの手順、あるいはセレモニーの一つだ。

某日

夕方、百万遍の本屋で久保文さんと落ち合い、出町柳の酒場へ。久保さんはアクセル・ムンテの『サン・ミケーレ物語』(一九二九)の訳者で、知り合ったいきさつについては前に「サン・ミケーレの闇」(『生の傾き』所収)という文章でくわしく書いた。

一学期だけ在学した京極小学校の七十周年同窓会に出席するため、東京から豊中の息子さんのところに来ているという。八十をこえているのに足腰は少しも衰えず、声も若々しい。何よりうれしいのは酒量がいささかも落ちていないこと。ビールなんて薄いものは口にせず最初から酒。手酌で早いピッチでたちまち銚子三本を空にする。

何年か前に久保さんはカプリ島に旅した際、ムンテの別荘跡の記念館に自分の訳した『サン・ミケーレ物語』を献呈してきた。するとそこを訪れてその本を見つけた未知の女性から、読みたいという手紙がとどいたそうである。しかしその訳書はいまは品切れ。何とか復刊できないかと二人で無い知恵をしぼる。

かなり飲んで、まだもう少しという顔をしているのを制して店を出る。この高齢のひとはまだこれから豊中まで帰るのである。

暗い道を大通りまで歩く。足どりはしっかりしている。阪急の駅までバスで行くというので、それだけはやめるよう説得し、タクシーをつかまえて乗せる。

負けちゃおれんぞ、と励ましをうけた気になる。

某月某日
たまにはカルト・ムービーの問題作とやらも見ておくべきだろうと年末の一日、みなみ会館へ「イレイザーヘッド（完全版）」（監督デヴィッド・リンチ）を見に行く。リンチのものは以前に「エレファント・マン」（一九八〇）を見ておもしろかったので期待したのだが。
いやぁ、無気味ブキミ。もじゃもじゃ頭の主人公がある日ガールフレンドの家に行くと、奇怪な赤ん坊が生まれている。母親にあんたの子だと言われ、身におぼえがないが止むをえず結婚。しかしその化物みたいな赤ん坊は昼夜の別なくピーピーと泣き、女はたまらずに家出する。男は気が狂い、赤ん坊を鋏で刺し殺す。と、ラジエーターのなかから奇怪な小びとの女が現れて……。

全篇が悪夢の世界。無気味だがたしかに面白い。観客（といっても十数人だが）は若い女性が多い。いまどきの若いこ、こんなのが好きなのかと、思わず顔を見るが無視される。

チラシのなかでリンチ曰く。「……暗く不安を掻き立てる物事に充ちた夢。この世界には二種類の人間がいる……それに気づかずに眠る人、そしてそれを夢見る人。さあ、仲間を呼んで大騒ぎといこう！」——どうぞご随意に。だが「イレイザーヘッド」ってどういう意味なのだろう。「イレイザー」は「消しゴム」と辞書に出ているけど。「消しゴム頭」？

こうして一九九三年は暮れていく。

この一年間にみた映画は数えてみると五十八本、その大半は私の「頭の消しゴム」に消され、残るはここに取り上げた十九本のみ。そのなかから五本を選ぶとすれば「ミシシッピー・ワン」、「ホワイト・バッジ」、「北京好日」、「動くな、死ね、甦れ！」、「魚のスープ」となるか。

一九九四年

一月某日

みなみ会館へ。新年最初の外出先が映画館というのは幸先がよい。みなみ会館さん、今年もどうかよろしく。

さて演しものはイランのアッバス・キアロスタミ監督の「友だちのうちはどこ?」(一九九二)。

この評判の映画、やはり昨年末に梅田でみておくべきだったろう。期待疲れとでもいうか、大きくふくらんだ風船が時がたつにつれすこしずつしぼんでいく感じなのだ。その間にいろいろな評が耳に入ってきて邪魔になる。やはり映画はまっさらな心でみたい。

イランの田舎の貧しい村での少年の友情の物語、こう書いてしまうと単純すぎるだろうが。……

小学校の教室の情景、先生の訓話、宿題をノートに書いてこなかったため叱られて泣き出す子、――私はたちまち自分の小学生時代にひきもどされ、もうその気分にひたっている。

間違えて持って帰った級友のノートを返しに少年が隣の村まで出かけて彼の家を探しまわる。このノートがなければ宿題ができず、大変なことになるのだ。しかし友だちのうちはなかなか見つからない。翌日、授業にやっと間に合って、先生の目を盗んで差し出される友だちのノート、そのページの間に村の老人が野の草花を挟んでおくなど、この監督なかなか芸がこまかい。

とくにドラマチックな展開があるわけでなく、イランの貧しい村の情景をドキュメンタリー風に撮ったものだが、それがじつに美しい。いずれも素人の主役の少年をはじめ他の少年たちの表情と仕ぐさのすばらしさ、それは演技では得られない暮らしのたしかな手ざわりであり、生活のポエジーとよぶべきものだろう。期待を裏切らぬ秀作だった。

某日

書評をたのまれている森内俊雄の短篇集『桜桃』をゲラ刷りの状態で読む。いくつかすばらしいのがあるが、残念なことに飼い犬にエサをあげる式の表現が二カ所あり、まさに飯を食っていてガリッと石を噛む思いだ。以前、阿川弘之がエッセイで、あげるに出くわしたらもうそれ以上は読まぬことにしていると書いていた。私はそうもできず読みつづける。森内俊雄ほどの作家ですらあげるかと、何とも無残な思い。

某月某日

新聞でジャン＝ルイ・バローの死を知る。パリ十六区の自宅のベッドで死んでいるのを、薬を持ってきた使用人が発見した由。孤独な死。八十三歳という年齢をみておどろく。名作「天井桟敷の人々」の若いパントマイム役者バチストの姿はいまも強烈に印象に残っている。

最初にみたのは「しのび泣き」（監督ジャン・ドラノワ、一九四五）だった。天才バイオリニスト役のバロー。音楽会でベートーベンのバイオリン協奏曲を演奏するとき、

第一楽章の最初の独奏部分で急に弾けなくなる破滅型の男ミシェル。原題の *La Part de l'Ombre* の意味が、フランス語をはじめたばかりの若造にもわかってうれしく、そして自分のこころの「影の部分」をミシェルのそれに重ね合わせて感動していた十代おわりの私。

ジャン゠ルイ・バローは私たちの青春とふかく結びついたまま六八年の五月革命を迎える。そしてオデオン座を占拠した学生たちにむかって「私は諸君とともにある」とさけんで彼はオデオン座をくびになる。「影の部分」は生涯、彼自身にも付きまとっていたのだ。

某月某日

学年末が近づき、イタリア語の授業もあとわずか。「講読」の練習問題では、レオパルディのやさしい短文くらいは何とか読めるようになる。

今日、授業の後で若い講師のKさんに、パヴェーゼの文章は難しいのか訊ねる。

「いえ、それほど。……パヴェーゼお好きですか」

「はあ」

何年か前に私は白水社の「新しい世界の文学」シリーズで『美しい夏　女ともだち』を読み、パヴェーゼが好きになっていた。当時は晶文社からも『パヴェーゼ全集』の刊行がはじまり、ちょっとしたブームだったのだ。『女ともだち』を下敷きにしたらしい映画「女ともだち」（監督ミケランジェロ・アントニオーニ、一九五六）も公開されていて私はこれもみていた。主演のエレオノーラ・ロッシ・ドラゴの美しかったこと。

ファシズムとのたたかい、流刑、友情と恋と裏切り、孤独。四十二歳、名声のさなか、トリノの駅前のホテルの一室から何人もの女ともだちに電話をかけて夕食に誘い、つぎつぎ断られ、睡眠剤を飲んで自殺したチェーザレ・パヴェーゼ。共産党からも見放されて。その波瀾にみちた生涯をわれわれ戦後世代の青春と重ね合わせるようにして私は読んでいたのだった。

某日

イタリア語の授業の最終日。

終ってからKさんが丈夫そうな大きな紙袋に入ったものを「これ、どうぞ」と言って差し出す。十冊ほどの原文のパヴェーゼ全集だった。

「えっ」私は絶句する。

「どうぞ使ってください」

「いやぁ、こんなの、とても読めませんよ。それに私はもうすぐ大学を辞めますから」

「いや、当分私は必要ありませんから、どうぞいつまでも」

こう言われては断りきれず、いったん受け取って研究室にまで持ち帰り、二、三冊取り出してみてすぐ元にもどす。何日か机のそばに置いておく。だが危険な爆発物でもあるようで落ち着かない。あのひと、一体何を考えているのだろう。返すならなるべく早い方がいい。私は『美しい夏』(*La Bella Estate*)の入っている巻を探し出し、私の好きな冒頭の文章“A quei tempi era sempre festa.”(「あのころはいつも祭だった」)をノートに書き写し、翌日、お礼とお詫びの手紙を添え、文学部の事務室までその荷物を返しに行く。

某月某日

授業のため研究室を出る。これが最後だなと思う。法学部一回生六組の文法の時間。テクストの最後の課を時間がないので私がひとりで説明する。動詞の接続法、練習問題（仏文和訳、仏作文）。仏文和訳の文章にジッドの『狭き門』のなかの「アリサの日記」の一節（ピアノのレッスンの楽しみを語学の学習のそれに喩えたくだり）があり、そこの説明に時間をとられ、十二時を十分ほど過ぎて終る。そして最後にひとこと、三月末に定年で退職するので来年度は私は京大にいない、きみたちが最後の学生だ、一年間授業を聴いてくれてありがとうと挨拶する。みなきょとんとしてとくに何の反応も示さない。質問にやってきた女子学生が「一年間ありがとうございました」と言っただけ。まあ、こんなものだろう。

三十数年間よくも同じようなことを続けてきたことよ。

某日

日伊会館でやっている「ポインツマン」っていうのは何だろう。オランダ映画らしいが、ひょっとしたらこれは、と何かひらめくものがあり、足を運ぶ。

ポインツマンとは鉄道線路のポイント切換え係のこと。

雪の降る荒野に列車が停る。真紅のコートにベール付きの黒い帽子をかぶった妖しげな雰囲気をただよわす美女が、駅と勘ちがいして降りる。しかしそこはポイント小屋で、汽車はすぐ動き出す。取り残された女はポイント小屋に一夜の宿を求め、そのままそこに住みつく。ポインツマンは孤独のうちに言葉を、そして人間性までも失ったような徹底して無口な青年。この二人の間に恐怖と憎悪と愛情の入り混じった奇妙な感情が次第に生じる。その過程をほとんどせりふぬきで、ファンタジーの世界のように描き出していく。

こんなすばらしい作品が隠れていたのか。これは今年のベストテン上位確実だなあと感歎。

後で調べたところ、監督のヨス・ステリングは「映像の詩人」と呼ばれているそうな。ポインツマンを演ずるのはジム・ヴァン・デル・ウーデ。旅の女はスイス出身の舞台女優ステファニー・エクスコフィエ。一九八七年の作品。

某日

大学の事務室で前日の文法試験の答案を受けとり、早速研究室で採点をはじめる。

その最中に二回生の女子学生がやって来て、定年退官のお祝いにといって手製のパウンドケーキ（三切れ）をくれる。それから先輩からもらったという『特別な一日』を取り出し、サインしてくれとたのむ。サインをしおわって読後感を訊ねようと思ったが、照れくさくなりやめる。

彼女は私と同じ福岡県の出身で、将来西洋史を専攻し大学院に進みたいと言う。「ああ、そうですか」と応じて後がつづかない。三十数年教師をしてきたのにいまだに人見知りしてしまい、勉学について励ましの一言もかけてやれない。

小一時間、沈黙がちな時が過ぎ、女子学生は帰って行く。

机のうえにはケーキが手付かずのままに残っている。

某月某日

「友だちのうちはどこ？」に引きつづき、同じ監督（キアロスタミ）の「そして人生はつづく」（一九九二）をみる。

五万人もの死者の出た大地震が、以前「友だちのうちはどこ？」を撮影した村を襲った。実際の話である。出演した少年たちの安否を気遣って、監督が自分の息子を連れて被災地を訪れる。その道中の光景など、彼自身の体験をドキュメンタリー風に再現したのがこの映画である。

最後のところ、荒涼たる山腹のジグザグ道——「友だちのうちはどこ？」の少年が登ったあの坂道を登って行く人間と車のロングショット。いったん人を追い越してから車が停まり、バックして人を乗せてまたのろのろと坂道を登りはじめる。大自然のなかでは人も車も同じくらい小さく映る。このラストシーンが感動的だ。たしかにこうして人生はつづくのである。

某月某日

ジュゼッペ・トルナトーレ監督の「みんな元気」（一九九〇）をまたみる。そして今回も感心。マストロヤンニがいい。細部がすばらしい。小説でも映画でも、要は細部の描き方だなあとあらためて思う。ラストも心憎いほどうまい。この映画にたいしては『シネマのある風景』で最大級の讃辞を呈したので繰り返さない。とにかくシネマよ、ありがとう、だ。

某月某日

午後、ＮＨＫテレビでイスラエル映画「カップ・ファイナル」（監督エラン・リクリス、一九九一）をみる。「アバンチ・ポポロ」に似た作りである。レバノンのＰＬＯのゲリラ兵とその捕虜になったイスラエル兵の話。サッカーのワールドカップへの関心が二人を結びつけ、友情が芽生えるが……。最後にゲリラは死に、捕虜のイスラエル兵は生き残る。秀作。

某月某日

「よむ会」で取り上げる室生犀星の『山吹』（一九四四）を読むがおもしろくない。よりによってなんでこんな作品を選んだのかと、報告者の佐々木康之がうらめしくなる。ついでに読んだ「われはうたえども　やぶれかぶれ」（一九六二）の方がはるかにおもしろい。これは入院中のことを書きつづったものだがその独特の文章がいい。

病床で宇野浩二の訃報に接して「キミハユキ、ワレハヤム」と弔電を打った後、犀星はつぎのように書く。

「（……）私は平常親友とまでゆかない間柄なのに、急速に宇野浩二に近づいていったのは宇野がもう生きていないことが、もとになっていた。生きていた人が死ぬことの魅力のつよさは、さすがに死というものの人一人に就いては、えがたい最後に生きたしめくくりのようなものであったからだ。」

彼はまたこんなことも書いている。

「近作集を持たない作家は刀をさしていない武士とおなじ腰ぬけであって、そのばか面は見られたものではない。」（「夕映えの男」）

某日

寒風のなか三条河原町の東宝公楽に足を運ぶ。ジェーン・カンピオンの「ピアノ・レッスン」（一九九三）。新聞各紙で絶讃の、いま評判の作品だ。ということは、「私のシネマ」の領域外ということになる。上映館もそうだ。それでも一昨年みた「スウィーティ」のこともあるし、この監督からは目が離せない。

予想どおり場内ほぼ満員、ポップコーンのにおいがただよう。不吉な予感。

映画の方はというと、第一、状況設定からして入って行けない。見合い結婚してははるばるニュージーランドの山奥へ移り住んだり、そこで別の男に惹かれ、抱かれたりする女の気持に共感できないのだ。要するに全体にどこか「感動」をねらった作りもののようなところが感じられるのだ。そしてそれがヒットする。私の好きなあのオーストラリア出身の「エンジェル・アット・マイ・テーブル」の、「スウィーティ」の監督も、いよいよマイナーからメジャーへ昇格したか。

某月某日

十一時すぎ丸善の万年筆クリニックへ。受付開始後間もないのに私の順番の番号札は二十四番。高齢の人たちが愛用の万年筆持参でやって来ている。遠い親戚にはじめて顔を合わせるような淡い懐しさをおぼえ、つい会釈しそうになる。このワープロ時代にもまだこれだけの万年筆族がいるのだ。私は二十年以上使用しているパイロットの太字用の、ペン先の角張ったところを削ってもらう。待つ間、近くのエスカレーターの「お足もとにご注意ねがいます」のエンドレス放送、音が大きすぎてたまらない。丸善くらいはもっと静かに、と思うのはこちらが時代おくれなのか。

帰りに近くの駸々堂に寄ってノーマ・フィールド『天皇の逝く国で』とシンシア・オジック『ショールの女』を買う。

「ステラ、寒く、寒い、奈落の寒さ。並んで道を歩いてゆく。ローザがずきずき痛む胸の谷間にマグダをかかえ、マグダはショールにくるまって。……」

シンシア・オジック『ショールの女』(東江一紀訳、草思社。原題 *The Shawl*) はこのように始まる。

わずか十二、三ページの短篇「ショールの女」と中篇「ローザ」の二篇から成る百三十ページほどの作品集だが、内容は濃く、ユダヤ教やホロコーストの問題がふくまれ複雑で、紹介するのは容易ではない。

ワルシャワでの強制収容所から辛うじて生還できたユダヤ系ポーランド人ローザ・ルブリン (ルブリンというのは大きな強制収容所のあったポーランドの都市名)。ゲットーから収容所に送られて行く行列に加わってローザは三日三晩歩く。胸に生後一年半の娘マグダをショールに包み隠して。そばには十四歳の姪のステラが歩いている。赤ん坊は見つけられ、電流の通じた収容所の鉄条網に投げつけられて死ぬ(「ショールの女」)。

三十数年経ち、いまは難民としてニューヨークに住むローザ・ルブリン。精神に異常をきたしていて、自分の小さな古物屋の店を叩きつぶして新聞沙汰になり、フロリダ州マイアミに移住。汚いアパートの一室で、いまはニューヨークで裕福に暮らす姪のステラからの月々の仕送りで暮らしている（「ローザ」）。

ある日、ローザはコインランドリーでポーランド人のパースキーという男と知り合う。ローザはこの男に洗濯物の白いパンティを盗まれたと思いこんでいる。一方、妻と別居中と称するこの初老の男はしつこくローザにつきまとい、部屋に上りこんでお喋りをする。

ローザは娘の形見ともいうべき大切な例のショールをステラが持ち去ったと思いこんでいて、返してくれと執拗にたのむ。

またローザのもとには、ある大学の「臨床社会病理学科」の教授を名乗る女から、ホロコーストの「受難者」として研究に協力してほしいという手紙がとどいたりする。

娘のマグダが生きていて、いまマンハッタンのコロンビア大学でギリシャ哲学の教授をしていると思い込んでいるローザは彼女に長文の手紙を書き、ワルシャワでの自分の生い立ち——裕福な知識階級の家庭生活、戦後ワルシャワが解放されて以後のこと、いつまでもショールを返してくれないステラへの悪口などを書きつづる。

やっとステラから小箱がとどく。開けて中のショールを眼にした瞬間、マグダがそこによみがえる。十六歳の咲き誇った少女に成長した愛する大切なマグダ！

「わたしの黄金、わたしの富、わたしの宝物、わたしの密やかな呪文、わたしの楽園、わたしの黄色い花、わたしのマグダ！　花と芽吹きの女王！」

マグダには話したいことが山ほどある。先日書いた手紙も手渡したい。だがそのとき、一階の受付からの電話のベル、パースキーが訪ねて来たのだ。ベルの音に怯え、臆病なマグダは姿を消す。また後で来て、とローザはたのむ。何時でもいいから。だがマグダは消えてしまった、古びたボロ切れのようなショールを後に残して……。

感動のさめぬままに私は草思社の編集部に葉書を書き、この本を出してくれたことに感謝した。

表紙の作者紹介によれば、シンシア・オジックは一九二八年ニューヨークに生まれ、大学を優秀な成績で卒業。「ショールの女」、「ローザ」はともにO・ヘンリー賞を受賞。

某月某日

久しぶりに、アメリカの封切り映画を新京極の弥生座地下で見る。「エイジ・オブ・イノセンス／汚れなき情事」（一九九二）。監督は日本では「タクシー・ドライバー」で有名になったマーティン・スコセッシ。それに大阪映画サークルの機関紙でほめている。だがこの題、何とかならぬものか。

一八七〇年のニューヨーク。当時は「エイジ・オブ・イノセンス」（無垢の時代）と呼ばれていたそうな。この大都会の上流社交界の「汚れなき情事」をメロドラマ風に描いたのがこの作品だが、なかなかよく出来ていると思う。

メイという娘と婚約中の弁護士ニューランドが、上流社会の仕来りを無視して奔放に生きるエレン（ポーランドの伯爵と結婚、別居中）に惹かれ、愛し合うようになる。しかし結局は結ばれず、彼は婚約者のメイと結婚する。ニューランドとエレンが最後に二人だけで会おうとすると、祖母がエレンをパリに発たせる。最後のところ、後年息子とパリを訪れたニューランドは、エレンの住む家の窓を見上げるだけで会わずに去って行く。全体に、当時のニューヨークの上流社会の風俗がおもしろい。

お人形さんみたいにかわいらしく何も知らないように見える婚約相手のメイが、ニューランドから早く結婚しようと催促されると喜ぶよりも疑う。「気持がぐらついたの？」「だれかほかに好きな人がいて、私と結婚することでそのひとを忘れようとしてるんじゃないの」と、このお嬢さんの男性心理の洞察はなかなかするどい。

某日

寒さもどる。夕方、いつもの出町柳の酒場で東京からやって来た親友の石田和巳《まさみ》と飲む。大阪出身の彼とは学生時代に親しくなった。共産党員で、街頭の反米デモの責任者として停学をくらったため一年遅れで卒業後、上京して左翼出版社に勤めたが十年ほどで辞め、いまは校正などで生活しながら独身生活をつづけている。その間アフリカに関心をいだきマリを訪れること数回、フランス植民地時代を通訳として生きたワングランという変った男の一代記『ワングランの不思議　生きていたアフリカの知恵』（アマドゥ・ハンパテ・バア著、一九八四年、リブロポート）という四百ページもの本を翻訳している。いまも共産党員だが、党の話になると指導部を容赦なく批判する。

「最近のあいつの面見てみい。ぽってり太って、うまいもんばかり食うてるんやろ」と、今日もこの調子である。

この店は久しぶりだが今日は妙に騒々しい。主人のゴルフ仲間の溜り場のようになっているようで、ゴルフの話ばかりを大声で延々として、その間にクラブを振るまねをするわ、携帯電話でしゃべりまくるわ。前に久保文さんと来たときはこうではなかった。もうこの店もおしまいだなと思い、友人を促して早目に店を出る。別れしなに彼が紙袋から一冊の本をとり出し、「これ」とさし出す。見ると岩阪恵子の短篇集『淀川にちかい町から』。めずらしいことだな、作者が同じ大阪の出身だからかなどと思っていると、

「まあ読んでみ。ちょっとおもろいで」と念をおす。

翌日。

早朝、うぐいすの声。寒さと酒のせいか、また痔が痛みはじめる。

『淀川にちかい町から』(講談社、一九九三)、早速読みはじめる。十の短篇から成る連作集で戦後の大阪の下町の暮らしを描いたものだが、細部の観察と描写がすぐれている。たとえば淀川の河川敷で釣をしている男たちの描写。

「身動きもせず釣糸を垂れているのを横から眺めていると、男たちはそのつき出た喉仏のところで、ゆっくりと時間を数えているようにも、またなぜか念仏を唱えているようにも思われ、彼女は一瞬体が固くなった。」(「淀川にちかい町から」)

風のそよともない蒸し暑い大阪の夏の夜、扇風機を止めて八十すぎの老夫婦が床を並べて寝る。耳もとで妻が「扇風機つけときまひょか」とささやく。その手には団扇が握られている。

「夜なか、ふと目が覚めてあたりを見回すと、しばしばこの白い団扇がゆらゆら動いているのに出くわす。まだ眠れないでいるのかと思って顔を覗いてみるが、うつらうつらとはしているらしい。やがて団扇は羽根を閉じた蝶のように、彼女の胸のうえで静止する。」(「質朴な日日」)

久しぶりにいい小説を読めた。石田の眼はたしかだ。

某月某日

ジョゼフ・コットン死去、享年八十八。古くは「市民ケーン」(一九四一)のケーンの相棒役。そしてなによりもキャロル・リード監督の傑作「第三の男」(一九四九)のなかのハリー・ライムの友人でアメリカの大衆作家ホリーの役。墓地のそばの並木道で待っている彼の前をハリーの恋人のアンナ(アリダ・ヴァリ)が黙って通り過ぎるあのラスト・シーンは、この映画をみたひとなら、ハリー役のオーソン・ウェルズの不敵なマスクとともに誰もが憶えているだろう。そうだ、もうひとつ、忘れられないのがアントン・カラスのツィター演奏による主題曲のメロディー。あの映画をみたのもいまや遠い遠いむかし、私が大学二年のころだった。

某日

朝、京都は雪。東京へ。新幹線でたまたま、以前、京大の人文研で同僚だった現代史研究者の松尾尊兊といっしょになる。何かの全集の編集会議のため岩波書店に行くのだそうな。おしゃべり好きの彼の話を聞きながら行く。東海道は晴天。富士山が美しい。

東京駅で松尾と別れ、常宿の竹橋会館へ。一休みしてから、さんざん探しまわって神保町近くのイタリア書房へ。Cesare Pavese : *La Bella Estate*（チェーザレ・パヴェーゼ『美しい夏』）を買う。

これでやっと肩の荷が下りた気分になる。あれ以来、Kさんが貸してくれようとしたパヴェーゼ全集のことが気にかかっていたのだ。せめて一冊でも自分で買って読むことで、彼の好意に報いたい。

いったん宿にもどりベッドに寝ころんで本を開く。例の出だしの文章。これだけはいまも諳んじることができる。

A《ア》 *quei*《クウエイ》 *tempi*《テンピ》 *era*《エーラ》 *sempre*《センプレ》 *festa*《フェスタ》*.*（「あのころはいつもお祭りだった」）。

こんな書き出しで自分も小説を書きたい。……はや夢を見はじめている。この調子では、しまいまで読み通せるのは何時の日か。……

翌日。

岩波ホールで「女と男の危機」（監督コリーヌ・セロー、一九九二）というフランス映画をみる。最近のフランス映画にはあまり興味はないが、この題名につられて（原題はただの「危機」*La Crise*）。

十二時半開映の二十分前に着いたのにほぼ満員。中高年の女性ばかりで、男性は私のほかちらほら。ご婦人方は座席で持参のお弁当を召しあがっている最中で、そのにおいがむうっと場内にこもっている。うしろの席で「本当は食べてはいけないのよね」「始まる前だからいいのよ」なんて話し声が聞こえる。

冬のヴァカンスの始まる前に突然、妻に家出される男（ヴィクトール）のあわれさ、滑稽さを描いた映画だ。同じ日に彼は顧問弁護士をしていた会社までも首になり、あげくのはてホームレスに。ヤケ酒を飲んでいるときに知り合った宿なしのミシューという男がおもしろい。兄がアラブ女性を妻にしていて、自分もアラブ人の友だちがたくさんいるというのに、公然と人種差別的な言葉を吐いたりする。

話は結局、ヴィクトールが元のサヤにおさまってメデタシ、メデタシ。

某月某日

「森の中の淑女たち」（監督シンシア・スコット、一九九〇）というカナダ映画を朝日シネマでみる。原題は *Company of strangers*。脚本なしで、登場人物は一人を除き全員が素人だそうな。平均年齢七十六。話の筋は、さまざまな人生を送ってきた七人の老女の乗ったバスが故障し、女性運転手（彼女だけが演技経験あり）とともに森の中の廃屋で共同生活を始めるというもの。なにが「淑女たち」だ。

大変おもしろい。ひとりひとりの個性が光っている。人間って七十代になってからが本当に面白くなるのではないか、それも男より女の方が。

この小さな映画館にしては入りがよい。五十名ほどか。内容が内容だけにほとんどが中高年の女性。岩波ホールなら満員で人いきれでむんむんしているだろうな、やはり京都はのんびりしててよいなどと思いつつふと隣の席をみると、八十ちかい女性（淑女？）がひとり坐って、開演までの間、暗い光の下で熱心に本を読んでいる。ところが予告編が始まると、かるいいびきをかきはじめた。そして何だかにおってくる。不快というより、どこか懐しいようなあの老人特有のにおい。居眠りは本篇が始まってもつづく。構わずにいると、いびきが大きくなる。軽く体を押すと一瞬止むが、また始まる。そのうち、ふと目をさまして出て行ってしまう。

映画がおわって外へ出る。するとロビーにさっきの老婦人が坐って本を読んでいるではないか。あ、このひとも"Company of strangers"の仲間なんだなと思う。どんな人生を送ってきたのだろうとずっと気になる。

映画館にはこんな小さな出会いのドラマがある。なんだか映画を二本見たような気になる。

某月某日

メリナ・メルクーリ死去。入院先のニューヨークの病院で。享年六十八。

最近は女優というよりギリシャの文化相だった。国葬にされ内外から三十万人が参列し、友人のフランスのラング前文化相が弔辞で「〈ギリシャの光〉が失われた」とのべた由。後に夫となるジュールス・ダッシン監督の下でとった「日曜はダメよ」(一九六〇)で一躍有名になった。他に「宿命」(一九五六)、「トプカピ」(一九六四)など。

私は女優としてよりも、あのハスキーな声で歌うギリシャの歌、とくにマノス・ハジダキスの曲、「日曜はダメよ」のなかの「ピレウス育ち」などが好きだ。伴奏のブズーキのあの音色。レコードもわずか二枚だがもっている。そのなかの「異国の女」。あれはミキス・テオドラキスの曲だったか。メリナ・メルクーリはテオドラキスとともに軍の独裁政治とたたかい、亡命し、「異国の女」になったのだ。一度会いたかった。テオドラキスはパリの舞台の上でいちど見た。しかし、メリナとはついにスクリーンのうえでしか会えなかった。そのかわり私はギリシャを訪れ、「メリナの国で」という作品を書いた(『旅のなかの旅』所収)。そしてこのたびは京都新聞に「さらば、メリナ」を書いて追悼した。

メリナ・メルクーリの訃報と同じ日に、グルジアの監督テンギス・アブラーゼの訃報に接する。享年七十。旧ソ連のペレストロイカの口火を切るような作品を作った人だ。彼の名前は「希望の樹」（一九七七）とともに忘れがたい。この映画については『シネマのある風景』番外篇で紹介した。

私の「日常」には、なぜこうも訃報の記述が多いのだろう。死によって一瞬、生がよみがえり、現前するからか。死は生の確実な一部分だという実感が、最近ますますつよまる。オルヴォワール、さよなら、また逢う日まで。「さよならだけが人生だ」。

某月某日

夕方、東の空高く、カムチャツカへ旅立つ前のユリカモメの大群を見る。流れるように形を変え、濃くなり淡くなり、ついに煙のように消えたかと思うとまた現れ、最後は細いひも状になって比叡山の彼方に消える。その離合集散の魔法めいた変容ぶりに見とれて半時をすごす。

春が間近い。

某月某日

退職にそなえ、大学の研究室の整理をはじめる。「よむ会」の国重裕君に手伝ってもらい、佐々木康之の車で「よむ会」の会報バックナンバーを大谷大学の荒井とみよの研究室に運び出す。段ボール箱に七個。腰をいためている私は見ているだけ。

その作業中に見知らぬ青年が入って来て「ツルミ・タロウです」と名乗る。びっくりする。明治学院大学在学中、そこの教員で「よむ会」会員の竹尾茂樹から私のことを聞き、退職前に一度お話をうかがいたかったので、と言う。しゃべりながらちょっと驚いたように上体を反らせたり、目をしかめたりするところ、父親の俊輔氏に似ているなと思う。折角だがいま引越し作業中なのでまた別の日にと、それでもしばらく喋って帰ってもらう。

某日

午後、約束してあった岩倉のO古書店の夫婦がやってくる。渡された名刺に「取締役」とある。書棚にざっと目を走らせてから値ぶみをして「まあ三万円ですね」と言う。よくわからず「はあ」と応じる。するとあらかじめ運び込まれてあった小型の段ボール箱にどんどん本を詰めはじめる。

他の研究室にくらべ、私のところには本がはるかに少ないはずだ。大学紛争のときのバリケード封鎖中、一晩でごっそり盗まれたのだ。その後、本はまたふえたが、残しておきたいものはしばらく前から勤め帰りに鞄に数冊ずつ入れて家に持ち帰っていた。いまはその残りがあるだけ。寄贈をうけた何種類かの世界文学全集、文芸雑誌などその他、部屋の隅に積み上げられた埃まみれのそれらの本に奥さんがてきぱきとひもをかけ段ボールに詰め、手押車で運び出す。

「大切なものがまじっていたら言ってくださいよ」と主人が言う。しかしもうその気はない。気が抜けたようになって作業を見守るだけだ。少ないといってもやはり相当の量になる。段ボールに五十箱。

ひととおり終って一休みしているとき、名刺に岩倉長谷町とあったので鶴見さんのことを話すと、「知ってます、長男の方とうちの次男が友人で」と言う。じつはその長男の太郎君が数日前にここにやって来ましたよといったことから、急に座がなごむ。最後に主人は三万円を四万五千円に変更して買い取ってくれる。最初の値ぶみがよほど低かったのか、それとも埃をかぶっていた雑本類のなかに何か金目のものを見つけたのか。まさか鶴見さんの名前が効いたわけでもあるまい。

研究室、がらんとなる。そこに坐っていると、自分も処分されたような気がしてくる。事実そうなのだが。

某日

午前中、大阪のくにめーでアメリカ映画「イン・ザ・スープ」(監督アレクサンダー・ロックウェル、一九九二)というのをみる。

ニューヨークの片隅に住む青年アドルフォは、隣室の美人アンジェリカをヒロインに映画を作ることを夢見るが金がない。そこに資金を提供しようという男が現れるが、それが犯罪すれすれで……というお話。

「イン・ザ・スープ」には同じ一つの鍋にいろいろな具が入っている、ということのほかに「同じ穴のムジナ」の意味があるらしい。

映画の後、谷町九丁目のなにわ会館での宮川芙美子『ミス・カエルのお正月』出版記念会へ。この種の会には出ないことにしているのだが、京都新聞でこの本の紹介をした関係上、断るのもわるい気がして足を運ぶ。出席者は大阪文学学校関係の人たちが主だが、浜田紀子、北村順子、おくれて島京子ら「VIKING」の人たちも顔を見せる。

私が新聞に書いた紹介文のコピーが無断で出席者に配布されていて、大いに困惑する。最近はこういうことが当り前になったのか。

久しぶりに元大阪文学学校の講師で評論家の松原新一に会う。たぶん谷原幸子『やさしい声』の出版記念会以来だから十八年ぶりということになる。いまは久留米の大学で教えていて、そこからはるばる出席したのだ。

宮川さんとは初対面のつもりでいたら、先方は一九七二年ごろ、文学学校主催の「文学に何が可能か」という集会で私の姿を見たという。白っぽいスーツ、サングラス、とてもエレガントでおよそ文学学校の雰囲気と違っていたのが印象に残っていると言われて冷汗。

乾杯前のスピーチの多さに呆れる。二時半までおあずけをくらわされ、やっと会食。その途中にもまたつぎつぎとスピーチ。文学者は喋るよりも書け、と胸中毒づく。もうこりごりだと思いながらも、誘われると二次会場の「すかんぽ」にのこのこついて行く。三十人ちかい出席者で、みな大声でわめき、話もできない。疲れはてて島さんと逃げ出す。

某月某日

ジュリエッタ・マシーナ死去。肺癌。享年七十三。

ジュリエッタ・マシーナといえば何よりも「道」（一九五四）だ。フェリーニが妻のジュリエッタのために作ったというこの名作を、当時私のまわりでは誰もがみていた。口べらしのため大道芸人ザンパノ（アンソニー・クイン）のもとに売られてきたジェルソミーナは彼の暴力に苦しむが、その彼が警察につかまると寂しがる。それを芸人仲間のイル・マット（「キじるし」とよばれる男）が慰めるセリフ、「どんなものでも何かの役に立つんだ」に感動したことをついこの前のように思い出す。あのジェルソミーナがトランペットで奏でる調べとともに。

某日

ナンニ・モレッティ製作・脚本・監督・主演という一人四役のイタリア映画「ジュリオの当惑」（一九八五）を朝日シネマのレイトショウでみる。モレッティのものをみるのはたしか今回がはじめてだ、と思っていたら、これが日本デビュー作だそうな。

原題は「ミサは終った」。理想に燃える青年神父ジュリオにつぎつぎおそいかかる災難。かつては議論をたたかわせた元新左翼の友人たちを訪ねてまわると、ある者はテロリストとして刑務所に入っていたり、ある者は妻に逃げられ人間不信におちいっていたり、また書店の主人になっている男は映画館で男漁りをしている。ジュリオ自身も身内に問題をいっぱいかかえていて。……アカぬけした描き方、知的なユーモアがいい。この一作でモレッティが好きになる。

某日

夕方、京大会館での退官教授送別会に出席。同時に辞める者十一名。ドイツ語の野村修、文化人類学の米山俊直らと雛壇にすわらされ、一人ずつ挨拶。生物学の先生が、自分はかねてよりヘンリ・ライクロフト的隠遁生活に憧れていたが、いよいよそれが実現できそうでうれしい、と語る。へえ、このひとギッシングなど読んでいるのか。お株をうばわれて私は喋ることがなくなり、ただひと言「長い間お世話になりありがとうございました」と挨拶するにとどめる。

もうひとり、一見謹厳実直そのもののような江戸文学の専門家が、研究室に冷蔵庫がほしいと言ってなぜそんなものが必要かと事務員に問われ、「古い資料を入れておくため」と答えたといったエピソードを、にこりともせずマジメな口調で披露。たしかに資料は腐るおそれがある。それにしても、みんな大学を去るときは、おもしろい話をするなあ。

一時間あまりたってやっと乾杯。音頭をとるのは八十いくつかになる来賓の英語の名誉教授。もごもごと聞きとれぬ声で長々としゃべる。ビールの泡が消えている。これも最後の辛抱と自分に言い聞かせ我慢する。

会食中、文化人類学の某助教授がグラス片手に挨拶にくる。だいぶん回っているようだ。——むかし(一九七〇年)先生のカミュの『異邦人《エトランジェ》』の授業をうけた。「いまでも出だしの文章、暗記してますよ、ほら。オージュルデュイ、ママン・エ・モルト・ウ・プテートル・イエール・ジュヌセパ」。最初の授業にしか出なかったが八〇点もらった。「ほう、そうですか」。当時は「ホトケのヤマダ」といわれていた由(その後は「オニのヤマダ」に変ったはず)。

散会後、二次会のさそいを断って帰宅。ああ終った、終った。入浴後、ウィスキーを少し。テープでフォーレの合唱組曲を聴いて寝る。

四月一日

さあ、今日から自由の身だ、エイプリル・フールではなく。しかし、先日来の研究室引越しの疲れで腰痛が再発、このミノル・ライクロフトの気分はもひとつ冴えない。

某日

快晴、まさに春爛漫。桂の国際日本文化研究センターでの桑原武夫七回忌記念集会「桑原武夫——その文学と未来構想」に出て、しゃべるようにたのまれている。これは断れなかった。「大学」とはおさらばしたつもりだが、やはりお礼奉公というものがあるだろう。教え子として杉本秀太郎と私の二人が「文学」について話す。二十分というので助かる。

演壇の背後のスクリーンに桑原先生の写真が大きく映し出されていて、たえず見守られている、いや見張られているような気がして落ち着かない。

私が最初にしゃべることになる。そのスピーチの内容。——桑原先生から学んだことニつ。日本の研究者はすぐに翻訳したがるがそれは知的怠慢である。翻訳するかわりに、その本について二、三十枚の要約を書け。それを解りやすく書くのはいかにむずかしいか。いい知的訓練になる。も一つは、文章は簡潔に、論旨を明確に示すよう心がけよ。論文とか評論で「……と思われる」という逃げ腰的な表現はさけ「……と思う」、「……である」と書くべきである、と。ところが先生の『文学入門』の冒頭の文章は「…と思われる」となっている、とつけ加え聴衆（おそらく四、五百名）を笑わせる。

懇親会は三百名ほども出席者があり大混雑。七時ごろ終り、実行委員会の用意してくれたタクシーで帰宅。謝礼として三万円もらう。

今日の会がおわって、やれやれ、やっと大学から解放された気分になる。

某月某日

日伊会館でフランス映画「木洩れ日」（監督ジャン＝ルイ・ベルトゥチェリ、一九九一）をみる。先日亡くなったジュリエッタ・マシーナの最初のフランス映画出演作、そして最後の映画作品となった。七十をこえた老女の役を演じている。「木洩れ日」というのは、これまた日本人好みの題のつけ方で、原題は「おそらく今日は……」。

彼女には、罪を犯して目下逃亡中の息子ラファエルがいる。田舎の屋敷を売る必要が生じ、そのために方々の新聞に広告を出す。ひょっとして息子がそれを見て、ひそかにもどって来はしまいか、そんな期待をいだいて「おそらく今日は…」と。

屋敷を売る前に一族が集まり、お別れのパーティーを野外で開く。そのあたりはルイ・マル監督の「五月のミル」(一九八九)に似ている。

集まった人々の描写がおもしろい。パリのコンセルヴァトワールに入学させようと息子にバイオリンの特訓をしている夫婦。少年の方はいかにも冴えぬ表情だ。こんな田舎からパリの名門校に入れるものかと笑われた父親が憤然として、今日だけは練習は休みのはずだった息子に、皆の前でむりやりバイオリンを弾かせるシーンがある。食卓の椅子の上に立って弾く子の頬を流れる涙。そのとき、「あ、犬が愛し合っている!」と子供の声がして、見ると連れて来られたプードル同士が交尾をしている。「水をかけろ!」たちまち大騒ぎになって、バイオリンどころではなくなる。

さて、期待どおり息子のラファエルは家にもどって来て、裏山でこっそりと母と会った後また去って行き、母親は死ぬ。

大した内容ではないもののフランス的エスプリが感じられ、エピソードもユーモラ人で、細部の描写にすぐれている。やはり佳作というべきか。

某月某日

「くにめー」でロシア映画「君はどこにいるの?」（監督ニコライ・ドスタル、一九九二）をみる。

何の変りばえもない日々がつづくロシアの田舎町に退屈しきって暮らすおっちょこちょいの若者コーリャ、彼は皆の気をひくため「ぼくは旅に出ることにきめた」と嘘をつく。しかしそれが本当のことのように伝わり町中の話題となる。恋人との仲にもひびが入る。仲間たちはもうお祭り気分で、早速送別会の準備をはじめる始末。アパートの新しい借り手まで決まってしまった。コーリャは後に退けなくなり、心ならずも恋人を残してはるかシベリアに旅立つ羽目におちいる。ラスト、浮かぬ表情のコーリャが皆に見送られてバスに乗る、そのシーンがすばらしい。やむなく旅立つコーリャがギターを爪弾きしつつうたう歌「僕の可愛い星」に、胸が切なくなる。

「君はどこにいるの?

君はどこにいるの？

雲――天国よ、希望のあかしよ、ぼくの願いよ。」

コーリャを演ずるアンドレ・ジガーロフはサーカスの道化役だそうな。はまり役である。しかも右の主題曲の作詞作曲までしている。なかなかの才人だ。一九九一年、旧ソ連時代の作品で、ロカルノ国際映画祭でその年の銀豹賞を受賞。今年の私のベストテン入り確実。さすがは「くにめー」だ。

さてこちらは腰痛治らず、前に入院したことのあるK整形外科へ。しばらく腰の牽引をつづけることになる。通院の時間はいまやいくらでもある。ただし映画館とは当分おさらばになりそうだ。

某月某日
京都新聞（朝刊）に梅原猛が「桑原武夫先生のこと」と題する文章を寄稿している。以前、酒席で先生に「このなかで将来、学長になれるのは梅原だけやな」と言われ、その予言どおりに自分は学長を長年つとめている云々と、例の無邪気な調子で書きつづっている。

某日

和田芳恵の「自伝抄」（一九七七）を読む。「私は万年筆に死というインキを入れて、老いた男と若い女の情痴を多く書いた」といった文章も、傑作「接木の台」（一九七四）の作者ではキザっぽくは聞こえない。こんなことも書いている。

「骨身を削ることが原稿を削ることに連動していた」。その結果書き直すと短くなった。妻は夜が明けて原稿枚数が減っているのを知り、がっかりした。その分、原稿料が少なくなるからだ。

某月某日

年老いて時におもねる文章は　今日もひきつづき夕刊に出づ　柴生田稔

「春山」（昭和十六年）所収。（大岡信「折々のうた」朝日新聞）

作者の柴生田稔は昭和七年生まれ。二十八歳のときの作という。

某日

エッセイ集『リプラールの春』（一九八八）以来、私の愛読している詩人の玉置保巳から『ゲーテの頭』（編集工房ノア）を贈られる。表題作は亡き天野忠の思い出をつづったもので、「ゲーテの頭」は、玉置夫人が天野さんの頭の形がゲーテに似ていると言ったことから取られたもの。子供のない玉置さんは大変な愛妻家で、文中にもしばしば夫人を登場させている。本のカバーに墨書された題字も貞子夫人のものだ。共通の思い出もいくつかあり懐しく、ひきこまれて百八十ページほどを一気に読みおえる。それにしても記憶力のいいことに感心。天野さんのこんなきびしい言葉がその口調とともに記録されている。

「大勢の人が詩い書いているのやから頭一つだけ人より抜きんでたもの書かな、あきまへん。その頭一ついうのが、むずかしいのやけど。……ふっと、ええ詩が心に浮かぶのを待っているようではあきまへん。自分を机の前へ引き据えるようにせんと」

他に丸山薫、板倉鞆音らの詩人の肖像がたくみに描かれている。

某日

以前、みなみ会館で「ダメージ」というのと二本立てで上映していた「魅せられて四月」（一九九二）というイギリス映画を、日伊会館でまたやっている。監督のマイク・ニューウェルというひとは知らないが、ゴールデングローブ賞受賞作品というのは別として、原題の *Enchanted April* を「魅せられて四月」としたのが気に入り、また最近イギリス映画には佳作が多いので、ひょっとしたらと、腰を気にしながらみることにする。

一九二〇年代のロンドン。弁護士の妻ロッティは夫婦仲もさめ、結婚生活の束縛から逃れようとナイチンゲール会を手伝ったりして気を紛らしている。ある日新聞で、地中海をのぞむ小さな古城を四月一杯貸すという広告を目にする。早速、仲間で、やはり結婚生活に疲れているローズ（大衆作家の妻）を誘い、費用分担のためさらに二人、気位の高い老婦人と貴族の娘を加え、四人でお城で共同生活をはじめる。

境遇も性格も異なる女たちの解放された「天国のような」生活。その描写がおもしろい。ところがやがて夫が恋しくなり、呼び寄せた夫との愛がよみがえり……。ここで私の「魔法」（*enchanted*）はとけた。先年（一九九二）評判になった「クライング・ゲーム」（監督ニール・ジョーダン）で注目されたロッティ役のミランダ・リチャードソンが好演。

某月某日

朝のうち病院で腰のリハビリをすませ、午後から北浜のテアトル梅田へ。映画館とは当分はおさらばのはずだったのに、もうこの有様だ。つまり、大阪まで出かける気力がまだあるのは腰の状態がそう悪くはないしるし、などと勝手にきめる。

目ざすは「日の名残り」（一九九三）。監督のジェイムズ・アイヴォリーは「眺めのいい部屋」（一九八五）で一躍有名になったひとだが、私にとっては原作がカズオ・イシグロというのが重要なのだ。これは映画化されたものの方がよいのでは、との直感もはたらいている。しかも今日が上映の最終日。見逃がせない。腰のコルセットをぐいと締め直してさあ出発。

一九三〇年代のイギリスの名門ダーリントン卿家に忠実に仕える執事のスティーヴンス（アンソニー・ホプキンス）と、同様に忠実に仕える女中頭のミス・ケントン（エマ・トンプソン）。彼女はやがてスティーヴンスに恋ごころをいだくようになるが、この家のきびしい仕来りから打ち明けることができず、じっとこらえている。執事の方も勤めのことで頭がいっぱいで、彼女の気持に気づくことができない。ある晩、ケントンの部屋から泣き声が洩れるのを聞いた彼がドアを開けて入る。慰めの言葉でもかけるのかと思いきや、明朝の朝食用の部屋に埃がたまっていることを注意するのだ。

こうして二人は永年の勤務を終え、何ごともなかったように別れ、それぞれの人生をたどる。そして老いの迫ったころ彼女の気持にやっと気がついたスティーヴンスが、ケントンの住む町を訪ねて行く。

日暮れどき、海岸の遊歩道に面したカフェで二人が語り合っていると、ぱっと一斉に灯がともり、人々が手を叩いてよろこぶ。このシーンがじつにいい。「どうして？」と訊ねられてケントンが言う。

「夕暮れは一日のうちでいちばん楽しい時間なの。みんなそれを待っているのよ」。日の名残り、生のたそがれ。

最後の、バス停での無言の別れ、まさに哀切きわまるラストシーンだ。執事役のアンソニー・ホプキンスがじつにうまい。エマ・トンプソンもすばらしい。

某月某日
過去三十四年間、同人でありつづけた「ＶＩＫＩＮＧ」を下船し、維持会員になることに決め、その旨を編集人黒田徹に伝える。

ここしばらく同人例会と仏和辞典の編集会議が重なり、例会欠席がつづいている。しかしその間、紙上出席の形で私は意見を書き送ってきた。——最近の「VIKING」は面白くない。それは古参同人が怠けているからだ。とくに「VIKING」の生命ともいうべき例会記に活気が乏しい。例会記は新人にゆだねずベテランが執筆せよ、等々。

これが一部の同人の気に障ったらしく、例会記が面白くないのは例会がそうなので、おまえがもっと出てきて面白くしてはどうかといった反論が出た。

思えば私自身、しばらく前から「VIKING」には雑記ばかり書いて、小説は東京の文芸雑誌に発表している。私にとっては「雑記」は「小説」に劣らず大切なジャンルのつもりなのだが、他の同人にはそうは見えないらしい。あまり大きな口は利くな、というところだろう。

以上のような反省をふまえた上での同人脱退である。

あまりにも突然のことで、早速親しい同人の何人かから手紙や電話で翻意を促される。しかし私は決心を変えなかった。思えば三十数年、ここでも私は「定年」を迎え、一区切りつけるべきときが来ているのだろう。今後は一会員として、もっと気楽に「ＶＩＫＩＮＧ」と付き合っていきたい。

某月某日

次女の結婚式参列のため家族とカナダへ出発。成田からバンクーバーへ、そこで乗換えて北東へさらに一時間半ほど飛び、アルバータ州の州都エドモントン着。真夏なのに涼しい。北緯約五十五度、冬は気温がマイナス四十度まで下り、三、四メートルの積雪がある由。この国はバイリンガルなので空港の表示その他、すべて英仏の二カ国語で記されていて助かる。ただし日常生活で用いられるのは英語だけ。モントリオールなど大きな都会のある東部のケベック州ではフランス語。この国は言語だけでなく文化的にも東と西の二つに分かれている。まるで二つの国のようだ。広い。平坦な土地がどこまでもつづく。高い建物はない。土地がいくらでもあるから高く建てる必要はないのだ。広大な田舎である。州都とはいえ都会の感じが全然しない。「街」はどこにあるのか。（当時人口は約八十万、現在は約百六十万）

州の集会所の建物の前の小公園のような広い芝生で、担当の女性職員立会いの下、簡素な、のどかな結婚式。そのあとで公民館風の建物で家族的なパーティー。新郎の母親に促され、ほろ酔いの私もステップを踏む。
一週間ほど滞在して帰国。

某月某日
北朝鮮の金日成主席急死、享年八十二。新聞ではスターリンの死並の扱いである。これで米朝会談、南北朝鮮交渉などがご破算となるだろう。
この出来事のおかげで、ナポリでの第二十回サミット会議に出席中の村山首相が入院したというニュースはかすんでしまった。病因は「下痢」らしい。
タクシーに乗ったら運転手が言った。「食べすぎちがいますか。あのひと、たぶん普段からご馳走食べたらへんやろからな」と。

某日
めずらしく生田耕作さんから葉書。先の古稀記念出版の予約にたいする礼をのべた後で近況を伝えている。最近、直腸手術のため入院したらしい。癌か。「鴨東蕩児の成れの果て、もうからっきし駄目になってしまいました」とある。そして最後に一句。

「禁酒令　祇園先斗の灯や恋し」

夕方、出町の枡形市場内の小料理屋で数人の友人と会食。みな私よりいくつか年下のフランス語の教師で、学生時代に生田さんに習っている。病気のことを話すが意外にも同情する者はいない。むしろ批判的なことを口にする。あんなに休講が多いのに許されていたのは国立大学の特権だとか、大学がそれほどイヤなら辞めるべきだった等々。いちいちもっともだと思う。はじめのころは真面目で休講はなかったそうだ。おとなしいひとだったのに、どうしてああも変ったのか。どうやらバイロス事件が彼の人生を狂わせてしまったようだ。

某月某日
朝日シネマで「春にして君を想う」（原題 *Children of nature*　監督フリドリック・トール・フリドリクソン、一九八二）をみる。アイスランド映画というのにひかれて。
田舎に暮らす七十八歳の老人が都会の娘の家にしばらく同居するが、やがて気まずくなって家を出て老人ホームに移る。そこで知り合った七十九歳の老女ステラと意気投合、老人ホームを脱け出し、盗んだジープでさびれた生まれ故郷を訪れ、廃屋と化した自分の家の前でステラと踊り、やがてそこで死ぬ。ステラ役の女性（ジグリドゥル・ハーガリン）が好演。外国映画では子供と老人の演技がとくに光るのはどうしてか。日本でも老人役はうまいが子供はへた。

この映画で、冒頭、老人が故郷を出るとき、飼い犬の頭に銃弾を打ちこむシーンがつよく印象に残る。ところがその後、彼の記憶にいちどもよみがえらないのが不思議だ。犬とともに過去の自分も葬り去ったという意味だろうか。ところで「春にして君を想う」なんて題名、これは一体何だ。

某月某日

武田百合子の『犬が星見た　ロシア旅行』（中央公論社、一九七九）を一九八〇年の第三版でやっと読む。読売文学賞受賞作だが評判どおりの傑作。読みだしたら止められない。

百合子は夫の武田泰淳と親友の竹内好の二人旅に記録係として連れて行ってもらい、毎日欠かさず日記をつけるよう命ぜられる。

好奇心旺盛でこわいもの知らずの彼女は、どこへ行っても日本語とわずかなロシア語のチャンポンで人々に話しかける。それを見て泰淳が「臆面もなくワンなんていって」とからかい「おい、ポチ」と呼んだりする。そこから本の題名がきている。

威張るくせに妻に頼りきりの武田泰淳と大人《たいじん》の風格のある中国文学者竹内好の取り合わせが妙。その竹内も親友といっしょだと少年のように無邪気に振る舞う。

二人ともよく飲む。旅の間飲みつづけている。とくに泰淳は旅中、酒の手持ちがないと思うだけで風景が黒白になり、酒があると思うと天然色というほどで、これはもう立派なアル中だ。

一行は旧ソ連から独立した中央アジアの共和国、カザフスタン、ウズベキスタン、タジキスタンの町々を訪れる。どこへ行っても百合子は役目を忘れない。宿泊先のホテルの食卓のメニューや機内食のそれまでも詳細に記録。たとえば機内食のメニューはこうだ。

「○黒パン（タテワリ半枚）、白い丸パン（二個）、バター
○キャビア、燻製のいわし油漬二本
○こうし肉バター焼（肉の下に米のごはんが敷いてある）

○きゅうり薄切り三片とねぎみじん切り、アンズ二個
○紅茶とケーキ（紅茶には紙に包んだ大きな角砂糖が二個）」

その他、何につけても観察がこまかい。

ノボシビルスクのホテルの便所は共同で、外の廊下にコバルト色に塗った扉が並ぶ。入ってみるとなかもコバルト色。電話帳をばらして作ったトイレットペーパー。使用後水に流すのでなく、そばにぶら下っているバケツ大の籠に入れるようになっている。その使用済の紙で籠はあふれんばかり。

コバルト色の箱のなかで腰を下ろし、こんな便所に入ることはもう二度とあるまいなと感傷的な気分になっていると、

「タタタタと女靴の音がして、ドーンと隣りの扉を開けて入った。バターン、ガッチャリ、シャーシャー、ブー、シャー、全力をあげきった音を立て、モシャモシャシャ、またバタン、タタタタタタ、と靴音荒く出て行った。手を洗った音はない。地元の人の元気のいいのには感心してしまう。トルストイ夫人も元気よかったろうなあ。」

タシケントの観光バスガイド見習いのナターシャは、

「すべての部分に肉がわっといっぱいの真白な娘（中略）。顔、腕、肩、胸、胴、お尻、肉がいっぱいだ。膝を出した短いワンピースは体に密着していて、つまんだら裂けるのではないか。みるからに白色人種のロシア人ロシア人した娘。すでにロシアのおばさんの体型になっている。」

このツアーの一行には銭高という堺から単身参加した八十歳の老人がいる。元気に動き回って何か珍しいものを目にすると「えらいこっちゃ」を連発する。たとえば建築工事の現場でクレーンを運転しているのが女ばかりであるのを見て、

「えらいこっちゃ、この国は。この国の女ごはよう働きまっせ。ロッシャはたいした国や」

この大阪弁丸出しの銭高老人を百合子は好きになる。私もそうだ。この長旅の道中劇の名脇役である。スパイスがよく効いている。

旅はモスクワで終り一行は解散、後はそれぞれの一人旅となる。百合子たち三人は北欧諸国を訪ねて帰国する予定だ。

モスクワでの最後の一夜。

ホテルの大食堂で他のグループといっしょになる。酒がまわるとブルガリア人一行

がロシア民謡「黒い瞳」を歌いだす。百合子も知っているので歌う（私も）。〽黒い瞳いずこ　わが故郷《ふるさと》いずこ　ここは遠きブルガリア　ドナウの彼方……。やがて合唱は「ステンカラージン」に変る。するとロシア人の一行がこれに加わり、大合唱となる。泰淳も百合子もすすめられるままいくらでも飲む。平和《ミール》のために乾杯！　ミール、ミール！　笑いと涙。旅のフィナーレ。私もそれに巻きこまれてしまう。

読みおわって、旅がおわって、私はさびしい。

某月某日

「少年、機関車に乗る」。以前、大阪の扇町ミュージアム・スクエアでやっていたこの映画、タジキスタンと旧ソ連の合作というのが珍しく、見よう見ようと思いながら見逃がした。それをすぐ近くの日伊会館でやっている。見ずにはいられない。観客はざっと三十名、これでも多い方だが。

祖母と暮らす二人の兄弟、ファルー（十七歳）とアザマット（七歳）が遠くの町に住む父親に会いに、貨物列車の機関車に乗せてもらって旅をする。レールの前方を逃げていく馬の群、線路沿いに走るトラックとの抜きつ抜かれつの猛烈なレース。谷間では悪ガキに石を投げつけられたり。人気のない橋の下で機関車が停る。すると上から食料や着替えなどが投げ下ろされる。そこは機関手の実家の近くなのだった。

土を食べるという妙な癖のある弟のアザマットはひょうきんもので可愛らしい。兄の命令で、乗り合わせた女にむかって「キスして」と言って怒らせる。それを見て兄と機関手が大笑いする。こんなちょっとしたエピソードがおもしろい。

さて、町に着いてみると、医者である父親は女と同棲していて、その家に馴染めず兄弟は祖母のもとに帰って行く。

とくに目ぼしい事件は生じないが、中央アジアの大平原を旅するのを見るだけでも楽しい。モノクロで映される窓外のながめの美しさ。これは監督のバフティヤル・フドイナザーロフの処女作品で、このとき彼はまだ二十六歳だった。

某日

NHKテレビで、シベリア抑留の日本軍兵士の運命を描いたドキュメンタリーをみる。枯木のように乾ききった死体を凍結した黒龍江の川面に穴をあけて投げ捨てる話。焼くための油がなく、運び去る手段もなく、こうして捕虜自身の手で棄てられた数万の死体。……

某月某日

福武書店を退職した寺田博を励ます会に出席のため上京。宿で一休みした後夕刻、会場のホテル・ニューオータニへ。

寺田さんにはずいぶんお世話になった。むかし私が芥川賞の候補になったとき、いち早く原稿依頼の手紙を寄越したのが当時「文藝」編集者の彼だった。その後、福武書店に移ってからは「海燕」に私の小説をいくつも載せてくれた。高橋和巳が京大助教授をしていたころはときどき京都にやって来て、ついでに私を酒場に誘い出し、励ましたり助言をあたえてくれたものだ。

会場のロビーで寺田夫妻に挨拶。小島信夫に紹介される。ふーん、これがあの『アメリカン・スクール』、『抱擁家族』の作者か。きちんとネクタイをしめ、小説家というより大学の先生のようだ、いや現に明治大学の教授だ。口の重いひとのようで、私も黙っている。

寺田さんから「日本小説を読む会」会報を合本にして出版する計画について助言を

もらう。全部を収録するのは難しいだろう。大きな出版社、たとえば講談社などでは、大切な先生方の作品が酷評されているといって断られるだろう。こういう「バカゲタこと」は東京では無理で、自力でやればどうか。——そう言われ、たしかにそうだと初心にもどり、会員の力で出すことに決める。

パーティーの参加者は約四百名。寺田博のおかげで「海燕」で文壇デビューを果した島田雅彦の司会で会は進行。つぎつぎ指名されてマイクをにぎる作家たちのスピーチの平凡、退屈なこと。以下、記憶に残ったもの二、三。

水上勉。

「私が六十のとき、水上さん、もっとまともな小説書いて下さいと言ったのが寺田さんでした」

瀬戸内寂聴。

「編集者が小説を書かせてくれるのです。唯一の味方です。寺田さんは女の作家にやさしくて、Aさんのところで出された御馳走を全部食べ、次のBさんのところでもCさんのところでも食べ、夜おそく帰宅して奥さんのお茶漬けも食べる、だから太るのです」

明治四十四年（一九一一）生まれの、今や長老格の八木義徳。

「寺田さんから全集を出してやろうと言われ、でも売れませんよと応じるときびしい声で、八木さん、売れる売れないの心配は出版社のすることで、八木さんには関係ないことですとたしなめられました」

古井由吉。

「ひところ酒場に寺田博、後藤明生、そして私がそろうと、朝までになると店の女のひとは覚悟したそうです。〈おだてると思うとからむ寺田かな〉、こうしてわれわれは鍛えられました」

最後の挨拶で寺田博はこうのべた。今日で自分の一生に一区切りがついた。今日は私の生前葬のつもりです、と。

人疲れ、いや東京疲れして、二次会への誘いをことわり、帰りかけたところで高橋正嗣さんにつかまる。元「ＶＩＫＩＮＧ」会員で、冬樹社で私の短篇集『旅のいざない』をこしらえてくれた編集者だ。帰ると言うとタクシーで宿の竹橋会館まで送ってくれ、ついでに十二階のバーでしばらく喋って別れる。

某月某日

久しぶりに大阪の「くにめー」へ、旧ソ連出身のアレクセイ・ゲルマン監督「戦争のない20日間」というのをみに出かける。雪どけ後のソ連映画を見せてくれるのは今のところここだけだ。

一九四二年、独ソ戦さなかの物語。スターリングラード防衛戦に加わった従軍記者で作家のロパーチン少佐が、二十日間の休暇をもらってはるばるタシケントの故郷に帰ってくる。

冒頭、車室で妻に裏切られた話を長々と語って聞かせる男が出てくるが、語り手の顔ばかり写して聞き手の顔は写さない。

ロパーチンが帰宅してみると、劇団員である妻は男と同棲していることがわかり、彼はその場で離婚届にサインする。

戦死者の家族を訪ねてまわる。軍需工場で演説するようたのまれ、戦場の報告をしようとして「タワーリシチ！」(同志諸君)とひとこと言ったまま後がつづかない。凄惨きわまる戦場を思い出し、言葉が出ないのだ。

町のなかで、行きの列車で知り合ったニーナという若い女と再会する。彼女は夫に去られ、子供と母親と三人で暮らしている。

ロパーチンは最後の夜をニーナの家で明かす。早朝、二人がコーヒーを飲むシーンがガラス戸の外から写される。言葉は聞こえず、ただ唇の動きと顔の表情の変化のみで二人の気持を表現する。このシーンがすばらしい。

駅へ。

戦場に向かう兵士に取りすがって泣く家族。

兵隊を満載した列車が動き出す。その後をどこまでも追いかける女の怒ったような怖い顔。軍楽隊の哀調をおびた調べ。……万感胸に迫り涙があふれる。

某月某日
先に同人をやめた「VIKING」にあらたに維持会員の資格で『シネマのある風景』の続篇のような雑記をもっと自由なスタイルで、「シネマのある日常」と題して連載することを思いつき、早速一九九二年分からとりかかる。

某日

またまた「くにめー」へ。スラムベク・マミーロフ監督の「金色の雲は宿った」（一九八九）。

第二次世界大戦中、ナチスがユダヤ人にたいしてしたのと似たようなことを、ソ連がチェチェン人にたいしておこなった。それを糾弾調でなく静かに描いたのがこのソ連映画である。

ドイツ軍に協力したというのでチェチェン人は弾圧され、ウクライナの僻地へ強制移動させられる。建物は爆破、墓石はこなごなにして道路建設に用いられる。

冒頭、モスクワ郊外の孤児院の少年たちが列車でコーカサスのコロニーに運ばれるシーンが印象に残る。列車が停ると少年たちが歓声をあげて跳び降り畑に殺到、トウモロコシなどの作物を盗む。その様がイナゴの大群のようだ。

チェチェンについてはわずかに最近新聞で、独立した共和国としてロシアに対抗していることを知った程度の私には勉強になった。

某月某日

関西空港から三週間の予定でパリへ発つ。半年遅れの卒業旅行。

パリの宿のある五区、カルチエ・ラタンには以前どおり小さな映画館がいくつもあり、歩いて行けるので毎日のように足を運んだ。

どの館も一日の上映回数は四、五回で、最終回は十時から。毎回観客数は十数名、二、三人ということもあった。これで経営が成り立つのは、映画をはじめ文化事業が国からの手厚い財政的援助を受けているからだ。同じ一つの作品を数年間上映しつづけるというようなことも、それでこそ可能なのである。

私はたいていは夕食をすませた後、十時からの上映を見た。見終ると零時すぎ、カフェはまだどこも開いており、私は好きなアルマニャックを一、二杯飲みながら、いまみた映画を反芻しつつ小一時間ほどを過ごすのだった。久しぶりに味わう映画の醍醐味。ほろ酔いで帰って行く人気のたえた深夜の暗い裏通り、空気はすでに冬の冷たさだった。

こうしてみた映画の数は十四、五本、以下主なものを簡単に紹介する（順不同）。

ニキータ・ミハルコフ「愛の奴隷」、「偽りの太陽（邦題「太陽に灼かれて」）」、「証人なし」。

ナンニ・モレッティ「親愛なる日記」、「ビアンカ」、「黄金の夢」、そして「赤いシュート」。

「黄金の夢」は、マザーコンプレックスのフロイトと母親をテーマに映画をこしらえようと悪戦苦闘する監督自身を描いたもので、面白かった。

ジャック・ドワイヨン監督の「心の底から」。バンジャマン・コンスタンとスタール夫人の関係を描いたものというので興味をそそられたのだが、スクリーンではこの両者が顔つき合わせて長々と喋るばかり。映画というより対話劇で、そのかんじんのせりふが早くてよく解らないのだから退屈するのも無理はない。

同様に、私の好きなバルザックの中篇小説を映画化した「シャベール大佐」もせりふばかりで、動きがない。映画というより演劇。さすがフランスだと思う。

あとはケン・ローチの「レディバード・レディバード」。そのほかに「死刑執行人もまた死す」、「あるナポリ人数学者の死」。後者は実在のアル中の天才的数学者がピストル自殺するまでの一週間を描いたもの。

某日

フランスより帰国。数日前に生田耕作さんが亡くなったことを知る。先日もらった葉書が別れの挨拶、そしてあの「禁酒令……」が辞世の句となった。

某日

帰国して最初に見た映画はベトナム映画「青いパパイヤの香り」(監督トラン・アン・ユン、一九九三)。この監督はベトナム生まれフランス育ちだそうで、映画の原題もフランス語(*L'Odeur de la Papaye uerte*)。

一九五一年のサイゴンの裕福な商家に、十歳の少女ムイが下働きの女として雇われてくる。この幼い子の眼を通して描かれる一家の日々の暮らし——主人夫妻、祖母、三人の息子。主人の家出、喜びと悲しみ、そのすべてをわかっていながら黙って見ている祖母の姿がいい。極力せりふを省き、人物の仕ぐさや表情の映像のみで描いていくところがすばらしい。そのうち一家の主人が死に、代が替ると家風が一変、ムイは解雇される。

十年後、ムイは美しい娘に成長した姿でふたたび現れる。青いパパイヤ。彼女は前の家の長男の親友で子供のころから思いを寄せていた新進作曲家クエンの家に雇われ、心をこめて仕える。やがて彼の方にも愛が芽生え、二人は結ばれる。

この後半のラブストーリーの部分が、取って付けたようで余計だ。そもそもパリ音楽院出の金持のクエンと貧民層に生まれた文盲のユイの仲が何時までもつづくはずがない、こんな予感がはたらくだけになおさら。

乱暴な言い方だが、この後半部分は思いきってカット。だがそうなると「青いパパイヤの香り」も消えてしまうか。

某月某日

「VIKING」の島京子に誘われて他の二人の女性とともに紀州の新宮へ。京都から汽車で四時間半の長旅。途中、曲りくねった海岸線を走るのではげしく揺れる。新宮駅で、先に来ていた島さんの友人の沖浦安子さんの出迎えをうけ車で「有夢《アルマン》」へ。ここは元は彼女の父親が建てた旅館でいまは空家になっているが、西村伊作が設計した和洋折衷のモダンな造りの三階建である。そのひろびろとした部屋に泊めてもらう。

後からやはり「VIKING」の宇江敏勝と女性二人、それに涸沢純平が加わり賑やかになる。

滞在中訪れた主な場所。

佐藤春夫記念館、阿弥陀寺、那智の滝、大逆事件の犠牲者の墓、そして熊野灘、その先にひろがる太平洋。

島崎藤村が「椰子の実」を発想したといわれる七里御浜。その記念碑が建っている。一行から離れ、秋の日ざしの下、どこまでもつづく砂利の浜にひとり腰を下ろし大海原をながめて時を過ごす。まさに茫洋。黒潮というのをはじめて見た。たしかに黒いのだ。

〽名も知らぬ遠き島より　流れ寄る椰子の実ひとつ　故郷の岸を離れて　汝はそも波に幾月……　いつしか声に出さず胸のうちで歌っている。

某月某日
日伊会館で「イタリア映画秀作セレクション」というのをやっている。そのなかに先月パリでみたナンニ・モレッティ監督の「赤いシュート」（原題 *Plombello rossa*「赤いダイビング」）を見つけ、もう一度みる。実はフランスでみたときは早口のイタリア語のせりふを追いかけるフランス語の字幕に追いつけず、よく解らなかった、つまり半ば「夢を見ていた」らしいのだ。

すこしややこしい話なのでチラシの解説をたよりに内容を紹介すると——

シチリアの山道に車を走らせている男ミケーレ（ナンニ・モレッティ）。イタリア共産党の若き指導者である彼はまたローマの水球チームの有力メンバーでもあり、いま選手権大会に参加するため会場へと急いでいる。ところが運転を誤り転倒、頭を打って記憶を喪失する。それでも何とかしてやっと会場に着くことができた。

プールサイドで彼はいろいろな人から話しかけられる。今日の試合は君次第だぞとはっぱをかけるコーチ、あなたが発表した共産党の新路線についてうかがいたいときく女性記者、むかしいっしょに闘った学生運動が懐しいと言ってくる古い友人、きみは道を誤っていると忠告する神学者などなど。記憶喪失者ミケーレの頭はますます混乱、困惑する。一体自分は何者なのか。それでも試合では大活躍、最後の勝敗を決めるファウルシュートをまかされて……。アイロニーにみちたいかにもモレッティらしい作品だが、いささか手が込みすぎたか。期待が大きすぎた分だけ失望もまた。

十二月某日

同じ日伊会館で「アメリカから来た男」（原題 *Americano rosso*「赤毛のアメリカ人」）をみる。監督のアレッサンドロ・ダラトリは三十六歳、かつて私が感動したヴィットリオ・デ・シーカの「悲しみの青春」（一九七一）に子役で出たことがあるそうだが、思い出せない。

舞台は一九三四年夏、北イタリアの小さな田舎町。叔父の経営する結婚相談所に勤めるヴィットリオは女ぐせがわるく、叔母さんにまでも手を出しクビになる。そこへアメリカからジョージと名乗る中年男が叔父を頼ってやってきて、結婚相手を探してほしいとたのむ。相手の条件は若い美人、金髪でグラマー、そして処女。

そこでヴィットリオはジョージを連れて花嫁候補を探しに出かける。つぎつぎと現れるいずれも一癖も二癖もあり気な美女たち、それにもヴィットリオは手をつけるのだ。ところが実は、ジョージは叔父を殺しにやって来たのだった。そして叔父は殺され、その嫌疑がヴィットリオにかかる。……

だましたりだまされたりするジョージ（ハート・ヤング）やヴィットリオ（ファブリッツィオ・ベンテヴォリオ）も、また女たちもじつに個性的で芸達者。娯楽映画にすぎないといえばそれまでだが、そこはアメリカ製とはまた一味も二味もちがうイタリア特有の風味というか、アイロニーとユーモアがあって、久しぶりに映画の醍醐味を満喫することができた。一年の締めくくりとしては上出来だ。

さて、この年にみた映画はパリでみたものをふくめ六十二本。うちここで取り上げたのはその約三分の一。ベスト5を挙げるとすれば順不同に

「友だちのうちはどこ?」(「そして人生はつづく」と合わせて)、「日の名残り」、「君はどこにいるの?」、「戦争のない20日間」、「ポインツマン」。「アメリカから来た男」もすてがたい。

一九九五年

一月某日

「よむ会」の一月例会で取り上げる吉田健一『金沢』をやっと読みはじめるが、いっこうに気が乗らない。入り込めないのだ。どこから読んでも同じ気がする。内山という人物ひとりしかいない印象をうける。

気分転換に同じ作者の『酒宴』を読む。こちらはすこぶるおもしろい。こんなことが書いてある。

「菊正という酒はどこか開き直った、さよう、然らば風の所があって寝転んでなどは飲めないが、こっちもその積りで正坐して付き合っていれば味は柾目が通っていて、酔い心地も却って頭を冴えさせるのに近いものだから、先ずは見事な酒である。」

近年わが家ではその「見事な酒」の屠蘇で新年を祝うことにしている。私の晩酌も「菊正」一筋。とくに頭が冴えはしないが。

某日

昨年同様、今年も映画館初詣はみなみ会館。演しものはアメリカ映画「ギルバート・グレイプ」（監督ラッセ・ハルストレム、一九九三）。昨秋、テアトル梅田で上映されていたが立ち見になるほどだと聞いて敬遠していたのだ。それがみなみ会館で「新春第一弾、熱望のアンコール公開！」となるとますます警戒心がわく。それでもみなみ会館を信頼して寒いなかを出かける。

七分ほどの入りで、これなら盛況といってよい。出演者にジョニー・デップ、レオナルド・ディカプリオらが名を連ねているせいか。

アイオワ州の田舎町、十八歳の知恵おくれの少年アーニー（ディカプリオ）をかかえる家族の物語である。そのアーニーと、夫の自殺以後、過食症におちいり太りに太って歩行も困難になった母親、その母親と弟をまもるため青春の夢をあきらめて生きる兄のギルバート（デップ）。ある日、トレーラー・ハウスで放浪の旅の途中の不思議な魅力をそなえた娘ベッキー（ジュリエット・ルイス）に出会い、二人の間に淡い恋が芽生える。弟への屈折した思い、ベッキーとの別れ。……みな好演。だが最後、母の遺体を古い家もろとも燃やすところはやりすぎか。

家族愛、青春の悩み、淡い恋……。全米で大ヒットした作品だそうな。たしかに正月向きだ。

某日

埴谷雄高さんから年賀状への返事がとどく。「歩くレンシュウをやっています。赤ん坊のようですね」と書き添えてある。埴谷さんは今年たしか八十五歳になるはずだ。

某日

「よむ会」例会。出席者二十二名の盛会。楽友会館北室で新年宴会をかねて。作品は吉田健一『金沢』。はるばる東京から参加した画家の阿部慎蔵が金沢を富山県にあると思っていたと打ち明けて皆を笑わせる。その金沢から報告者の加賀谷啓子が土地の銘酒日栄菊を土産にやって来る。

『金沢』の評価は真二つに分れる。「大変上等なエピキュリアンの小説」（福田紀一）と持ち上げるもの、「退屈で第二章以後はただ目を活字の上に流すだけ」（北川荘平）、「読みおわって何が書いてあったかと聞かれれば〈飲んでましたな〉と答えるのみ」（山田稔）。小説でなくエッセイとしては面白い、「和歌散文」（多田道太郎）など。最後に加賀谷啓子「今日お酒を持って来てやっぱりよかったわ」。

二次会は赤垣屋の二階で。酔ったドイツ文学者の小島衛が隠し芸（？）のハーモニカを吹く。「ぼくがハーモニカを吹ける場所はもうよむ会しかなくなった」。飲んだ酒三十九本、ビール十八本。割り勘で一人五四〇〇円。

某日

昨秋よりつづくニャンの衰えますますひどくなる。何も食べず水だけは少し飲み、日中ずっとホームこたつの上で寝ている。庭に来る小鳥たちの方をもはや見向きもせずじっと眼をつぶっている。自然に死を待つ姿に見え悲しく、また健気にも思える。もう医者には連れていかぬことに決める。このまま逝かせてやりたい。

某日

ニャン、今日は少し声を出し庭を歩く。いつものように古い火鉢に溜まった水をのぞき込み、逆さまに伏せてある植木鉢の底に張った氷をなめ、足がよろめき地面にすわりこむ。

今日はカマスの干物をちょっぴり食べた。

元気なころのニャンの姿を思い出す。晩酌をしている私の膝のうえにひょいと跳び乗り、じっと食卓のうえの肴をながめている。手を出しそうで出さずに、じっと待っている。刺身を一切れやると、首をねじ曲げ小さな歯をむき出して噛み、噛みおわって呑みこむと急いで跳び下りる。小食の、そして美食家のニャン。鮮度が少しでも落ちた魚には見向きもしない。

某日

午後二時より府民ホール・アルティでロンドン・バロックの演奏を聴く。当日券五千円。曲目はヘンデルのオーボエ協奏曲ト短調、バッハのカンタータ「わが心は血にまみれ」、チェンバロ協奏曲ニ長調、結婚カンタータ「いまぞ、去れ、悲しみの影よ」。

ソプラノ　ローナ・アンダーソン、オーボエ　ゲイル・ヘネシー、チェンバロ　リチャード・エグー、ヴァイオリン　ヒロ・クロサキ。
久しぶりに聴く生演奏、感動する。

某日
気晴らしに朝日シネマで「ピーターズ・フレンズ」（監督ケネス・ブラナー、一九九二）をみる。私の好きなエマ・トンプソンにひかれて。
イギリスの田舎の大邸宅を父の死後受け継いだピーターが、年末に大学時代の演劇仲間数人を招待する。卒業後十年経っていて、ある者は仲間同士で結婚した相手といっしょに、ある者は独身のまま参加する。そして喋っているうちにそれぞれの抱えている問題、悩みが明らかになってくる。ここから楽しかるべきパーティーの席が喧嘩の場と化す。そのそれぞれのカップルが個性的でおもしろい。
さてお目当てのエマ・トンプソンだが、独身の彼女は結婚しなくてはという強迫観念にとりつかれていて、深夜ピーターの寝室に入って来て裸を見せたりして誘惑するが拒まれる。彼はバイセクシャルで、ぼくはきみとは友人のままでいたいと言う。

結局、ピーターの意外な告白によって友情の絆は保たれるのだが。そこに流れる、時が経つにつれ友情の大切さがわかってくる、という歌が身にしみる。だがエマ・トンプソンはミスキャスト。

一月十七日

早朝、まだ暗いうちに激しい揺れに目を醒まされる。地震だ！　かなり強い。しかし棚の本などは落ちていない。その後しばらく様子をみるが強い余震もなさそうで、もうひと眠りして普段どおり起床。

テレビをつけてみると、火焔に包まれた神戸の街が映り、驚く。震源地は淡路島あたりらしい。神戸と西宮あたりに甚大な被害。京都の震度は6だという。

終日テレビとラジオでニュースを追う。阪神間に親戚はいないが、気になるのは「よむ会」、「VIKING」などの仲間たちのこと。二、三電話してみるが、当然のことながら不通。

翌日から、友人の安否についての情報が入ってくる。幸い死傷者はいない模様。神戸の島京子は結婚した娘の家に避難している由。宝塚の荒井とみよは、家はつぶれなかったがなかはめちゃくちゃと伝えてくる。インフルエンザで入院していたという福田紀一は神戸の惨状を目にして、戦後五十年で振り出しにもどった感じだと例の早口でしゃべる。

カナダの娘から、安否をたしかめる電話がかかってくる。

数日後、神戸の「よむ会」会員の小関三平からも電話。三十八階建マンションの三十六階に住んでいるが無事、「えろう揺れましたわ」と笑っている。一時ガス洩れで避難したが停電はない由。「会報」の原稿は速達で送ると言う。

電話を通して聞く被災者たちの声は予想に反し、どれも生き生きと弾んで聞こえる。まだ大災害の亢奮状態からさめていないのだ。

聞くもの見るもの災害のニュースばかり。

気分転換のため、しばらく中断していた阿川弘之の大著『志賀直哉』を少しずつ読みはじめるが集中できず。

某日

震災後間もなくの「よむ会」例会。飯沼二郎が辻井喬の『虹の岬』を報告。出席者十四名、震災のショックをそれぞれ表情にあらわして。親しい人を失った飯沼、うち沈んだ様子でしゃべる。

当日発行の会報三八七号に宝塚で罹災した荒井とみよが早速「めちゃめちゃ」という文章を書いている。――震災後、方々から安否をたずねる電話が頻々とかかってくる。無事だったが「部屋はめちゃめちゃでね」と答えるとたいていのひとは笑う、だが電話を切ってから思う。「めちゃめちゃ」を自分はこれまで安易に使いすぎてきたのではないかと。今回の地震でその本当の意味がわかった。倒れたたんす、立て直せばよい。割れた食器類、捨てればよい。しかし本棚からとび出した大量の本、これはどうしようもない、さらに本の間から出てくる思いがけぬもの――古い手紙、写真、……。

某日

ちょうど朝日シネマで「ジェルミナル」（監督クロード・ベリ、一九九三）をやっている。気分転換にちょうどいいか。それに私は学生時代、卒論のテーマにゾラを選ぼうかと考えたくらいだからやはり見逃せない。これまでゾラの小説を映画化したものは、私のみたかぎりみな出来がよい（「居酒屋」、「獣人」、「嘆きのテレーズ」）。『赤と黒』、『ボヴァリー夫人』などと異なり、ゾラの小説は映画化にむいている。ゾラ自身、すでに来るべき映画の時代を予見していた。カメラ・アイを意識した視覚的な描写が多い。

「ジェルミナル」とは共和暦で「芽月」、芽生えの月を意味する。場所は十九世紀末の北フランスの炭鉱。そこで働く炭坑夫たち、その中心人物のトゥーサン（ジェラール・ドパルデュー）が待遇改善の交渉をするが決裂、ストライキに入るものの軍隊によって弾圧される。悲惨な状況のつづくなか、坑夫たちに敵対する町の食料品店の主人が、怒った坑夫の女房連中によって建物の三階まで追いつめられ転落死する。女たちが「ズボンを脱がせろ！」、「ペニスを切り取って犬に食わせろ！」とさけぶシーンでようやく笑えた。

暗い。その暗さのうちにゾラは光を、「芽生え」を見ていたのだ。

某日

ニャン、日々衰えていく。抱いてみると薄くなった毛皮の下は骨ばかり。それでも屋内のトイレの砂箱の方へ行こうとするが、板張りの床のうえでは爪がすべって前に進めない。抱いて連れて行ってやる。

薄暗い風呂場のタイルのうえにじっと腹ばいになっている時間がふえた。熱で火照る体を冷やしているのか。

夕方晩酌をしながら、そばの電気マットに横たわるニャンの姿を見ていて、急に悲しみがこみ上げてきて涙があふれる。神戸の瓦礫の下に生き埋めになった親子、身内を残したまま火に追われて逃げて行く人々、「ジェルミナル」のなかの、医者が来るのが間に合わずに死んでいく少女――それらの姿が同時に浮かんできて、盃をおき、声をしのばせて泣く。

某日
朝九時すぎ、ニャン、慶子の腕のなかで息を引きとる。享年十九。閉じてやったがまだ薄目をあけてこちらを見ているニャンにむかって「えらかった、えらかった。よく生きたね。楽しく遊んでくれてありがとう」、こう交互に話しかける。
翌朝、ニャンがよく登っていた庭の柿の木の下に穴を掘り、シーツにくるんだニャンのなきがらを埋葬。庭の早咲きのバラ、カリカリ（キャットフード）、それに「さよならニャン、安らかにお休み」と書いた紙片を添えて。

息子を加え家族三人、それぞれが「さよならニャン」と話しかけながら順番に土をかける。その上に庭の石を置いて墓標とする。

十九歳といえば人間では百歳のお婆さんに相当する、まさに天寿を全うした、最後の命が燃えつきるまで見守ってやった、などと交互に言いながら自らを慰めようとつとめる。

十九年前、ふとした縁でニャンはわが家へやって来た。うちでは犬は飼ったことがあるが猫とは無縁で、猫を飼うことなど話題になったことは一度もなかったのだ。

ところがある日、中学生の息子がクラスの女の子から貰ってくれと頼まれ、何と返事をしたか知らないが、私の留守中にその子の母親が車で、生後三カ月くらいの三毛の子猫を連れてきたのだ。いまさら断るわけにもいかない。それに子猫の可愛らしさに抗しうるものがはたしているだろうか。

その女の子の姓がTで、家は下鴨の糺の森のそばと聞いてピンときた。母親は旧姓をHといい、京大仏文科で私と同期だったのである。子供のころ父親の勤務の関係上パリに住みフランス語がぺらぺらで、土曜日の午後家に数人の友達を招き、フランス語の会話の練習をかねたサロン風の集いを催していた。そこに私も何回か顔を出したことがあった。彼女の結婚後は音沙汰もなく何年も過ぎていた。そのひとがふと私のことを思い出し、ヤマダさんなら貰ってくれるだろうと考えたのにちがいなかった。

いずれにせよ。こうしてニャンはわが家にやってきて、たちまち皆に可愛がられるようになったのだった。

すこし気が落ち着いたところで私はT夫人宛てにニャンの最期の様子を報告し「素晴らしい人生の友」に恵まれたことを感謝した。すると折り返し返事がとどいた。そんなに大切に可愛がってもらい「猫冥利につきる」とあった。「親猫チョボチョボの産んだこどもの中で一番の長寿です。いかに大切にされ、可愛がってもらっていたかが偲ばれます」と。

こうして私はニャンの母親の名がチョボチョボであることをはじめて知った。たまたまニャンの名前もパンダ風にニャンニャンで、ニャンは通称だったのである。

母親チョボチョボの許へ帰って行くニャンニャンの小さな姿を思い描き、心の和むのをおぼえる。

某月某日

以前シャルル＝ルイ・フィリップ記念館で知り合ったシモーヌ・レイノーさんから丁重な震災の見舞状がとどく。ニュースで知るかぎり京都は無事のようだが、こちらはみなあなたのことを心配していますとあった。

某日

しめり葉のまじりて焚火捗らず　己が終りを斯くは願わず　　山本三通

大正十二年生、七十八歳で死亡。

（大岡信「折々のうた」朝日新聞）

某日

広津桃子『石蕗の花　網野菊さんと私』（講談社文芸文庫、一九九四）を読む。

「花がない」作家網野菊にたいする敬愛の情を描いたものだが、その抑制の効いた地味な文章には過ぎ去った時代のほのかな香り、気品が感じられ感動する。

訪ねて行った広津桃子を見送りにバス通りまでついて来た網野菊の姿の描写。

「バス通りで挨拶し、私は広い通りを横断してバス停に立ち、向う側を見ると、網野さんは未だ立っている。私は手を振っては、お辞儀をくり返したが、やはり網野さんは立っている。送られる者の気遣いを考えての心くばりか、ポストに身をかくすようにして立っている。待ちあぐねたバスが来て、乗りこんだその窓からいそいで眼を向けると、やっと歩きはじめた網野さんのやや前こごみかげんのズボン姿の膝のあたりで、さげた買物袋がかすかにゆれているのが眼に残り、私の胸には、このドライな東京の街なかではついぞ覚えない、そして、遠い昔に忘れ去られてしまったかにみえるしめりを帯びた思いがわく。網野さんの姿そのものに、その文学を感じるのも、こうした時であるし、（以下略）」（「米食いねずみ」）

広津和郎の好きな私はこれを読んで娘の桃子の方が好きになった、いや、両方とも好きだ。

久しぶりに『父　広津和郎』（毎日新聞社、一九七三）を書架から取り出し繙く。

三月二十日

東京の地下鉄車内でサリン事件発生。死者十二名、重軽傷者約五千五百名。

某日

食軽く酒盃小さく色淡く　人を妬まず糞金溜めず　曽宮一念

朝日新聞（夕刊）「素粒子」欄

某月某日

夕方、「よむ会」会報の合本作りの相談のため荒井とみよと、いつも会報をたのんでいる土倉事務所を訪れる。四百号の全部をタイプで打ち直すと、三巻本五百部で四百二十万円、今のままのを写真にとるのでも二百十万円かかるという。現在の会の財政状態ではとても無理だ。会員のなかにはこの計画に消極的な者もいることだし、持ち帰って相談することにきめる。

某月某日

コンビニでおにぎりとウーロン茶を買い、阪急電車のなかで昼食をとりながら梅田へ。

数日前、大阪の広告代理店A社から、ロマン・ポランスキー監督の「死と処女《おとめ》」(一九九五)という映画の試写会を開くからと案内がとどいた。ポランスキーの名前はしばらく見なかったが、いつだったか妻で女優のシャロン・テートがハリウッドの邸宅でヒッピーによって殺され、切り裂かれた死体が宙吊りの状態で発見されるという残虐な事件が生じ騒がれたことがある。初期の出世作「水の中のナイフ」(一九六二)、「反撥」(一九六四)など、研ぎすまされた感覚が私は好きで、彼の作品はたいていはみている。とくに「反撥」の印象は強烈だった。性的欲求不満から妄想にとらわれ殺人をおかす若い女(カトリーヌ・ドヌーブ)の演技がすごかった記憶がある。その監督の新作とあればみたい。ただポランスキーは異様で暗いのだ。みた後で評(つまり宣伝文だ)を書かされるのはしんどい。それでもやはり引き受けて出かける。

やっと見つけた堂島の京富ビル八階のUIP試写室で一時半より上映。

「死と処女」。独裁政権下のある国で抵抗運動にかかわっていた女子学生ポーリナは捕えられ、拷問のすえ犯される。それから十数年後、夜、夫を家に送って来た男の声に彼女は驚く。それはかつて彼女を犯した男の声だった。ポーリナは過去の真実を告白するよう男に迫る。嵐のなか、復讐がはじまる。

構成は場所（室内）も人物（ポーリナと夫、問題の男の三人）も時間（夜から翌朝まで）も一定で、過去をせりふで説明するのみで映像による回想などは無い。映画というより映像化された心理劇の舞台と言ってよい。そして全篇に流れるあのシューベルトの名曲「死と乙女」。重く、暗く、閉ざされている。たしかにポランスキーだ。

終ってからグランド・ホテルの喫茶店でA社のK氏によるインタビュー約一時間、感想をのべる。まあ私としては精一杯褒めておいたつもりだが。

十日ほど経ってその談話記事のゲラ刷りがとどく。添えられた手紙に、謝礼金五万円を三万円にしてほしい、もうひとり、ある女優の感想も載せることになったので二万円をそちらに回したいので、とあり、呆れる。褒め方が足りない、あるいは下手だというのなら解る。だからといって後になって謝礼金を値切るなんて聞いたことがない。ゲラを返送するさい、その旨書き添える。

すると翌日、担当の社員からゲラを受け取った旨の電話あり、謝礼金のことはＵＩＰと交渉し元どおりにすると謝る。これで一件落着。いずれにせよ、おかしな話だ。

後日、「朝日」夕刊の映画の全面広告欄に私の「推薦のことば」が載る。あらためて読み返し苦笑する。

大新聞だから人の目に触れやすい。先日もあるひとから「読みましたよ。あんなところにも書かれるんですか」と言われる。

某月某日
霞ケ関のイイノホールでの阿部富美子ソプラノリサイタルをきくため、上京。彼女は友人の画家阿部慎蔵の妻で国立《くにたち》音楽大学の教授。満員の会場で、やはり京都から来た大槻愛子さんに会う。

プログラムはドビュッシー、フォーレなどフランス歌曲。ピアノ伴奏は小原孝。

休憩時間に阿部から、ロビーの柱のかげにたたずむ女性を紹介される。須賀敦子さん。阿部は慶應の大学院で知り合ったそうだ。書評の礼をのべる。意外にも口数の少ないひとだ。なんだかひどく疲れているように見える。

「お忙しいでしょう」と言うと、さびしそうに微笑んだ。

翌日、吉祥寺の第一ホテル内のレストランで二人の姉と会食。八十六になる義姉は脚が弱ったのをのぞき他は元気で、顔にしわひとつなく耳もよく聞こえ、声にも張りがあってとてもその年には見えない。元銀行員の夫も八十九歳でまだ元気にしているそうだ。

ところが口数も少なく、いかにも温厚そうに見えるこの義兄は、家ではかなりの亭主関白らしいのだ。姉は夕方、硝子戸の外の夜景をながめるのが好きなのに、彼はさっさと雨戸を閉めてしまう。猫が嫌いで、家のなかで飼うのを許してくれない。仕方なく姉は外猫にひそかに餌をやることで我慢している。

「おたくのネコちゃん、どうしているの」と訊ねる。何年か前いちど会ったことがあるのだ。前に知らせたはずだがと思いながら、今年の一月に死んだことを告げ、最期の様子を語って聞かせる。

「まあ、そうなの、きれいな三毛ちゃんだったのに。十九歳だって。そう、私よりもずっとおばあさんね。そう、死んだの……」と目に涙をうかべている。

私とは二十ほども年の離れた腹ちがいのこの姉は、若いころ私をわが子のように可愛がってくれた。温厚な人柄の夫と、幸せな老後を送っているものとばかり思いこんでいたそのひとから、こんな告白を聞かされ慰めの言葉もなく、私は黙りこむしかない。

某月某日

「長い見送り」（監督キラ・ムラートワ）。

一九三四年生まれのこの女性監督が新人時代の一九七二年に撮ったこのモノクロ映画は、ブレジネフ時代のソ連でながらく公開されずにいたという。これはぜひみたい。

朝から風雨はげしい荒模様、五月も末というのに気温も異常に低い。こんな日こそ映画がみたくなる。シネマ・デイだ。さいわい午後には風雨はおさまる。厚着をして大阪日本橋の「くにめー」へ。

母と息子の二人暮らし。母はある役所の翻訳係、息子のサーシャは大学受験をひかえた十六歳というむずかしい年頃で、母親と口を利かず、写真に凝っている少年だ。大学教授の父親はサーシャの幼いころ離婚し家を出て、現在は西シベリアのノボシビルスクで考古学の発掘作業に従事している。その父が恋しくて、サーシャは母に隠れて電話をかけたり文通したりしている。そのうちついに決心して父に会いに出かける。

その途中、黒海沿いにある母の友人の別荘に立ち寄る。そこには大学に合格したばかりの娘マーシャがいる。サーシャとマーシャがデッキチェアに腰かけて、二人の間に横たわる犬の背や首すじを黙って撫でているシーン。二つの手は触れ合いそうで触れ合わず、重なり合いそうでなかなかそうはならない。その動きのクローズアップ。「どうして黙っているの。何か言って」とマーシャ。しかしサーシャは黙ったまま。ドラマチックな展開があるわけではない。こうした静かなモノクロの映像が美しい。しばらくはサーシャになりきって画面に見入っていた。

某日

「新潮」に掲載された私の短篇小説「リサ伯母さん」が好評で、新聞各紙の文芸時評で取り上げられている。

めずらしく鶴見俊輔さんや多田道太郎さんからも葉書がとどく。鶴見さんのは肉太の万年筆で「『リサ伯母さん』に感嘆《かんたん》」、ただこれだけで後は別の話題。

筆不精でふだんは口述筆記にたよる多田さんが黒のボールペンで「『リサ伯母さん』よかった。身につまされて拝読」と。むかし私と一緒にパリでにぎり飯を食べたことなどを思い出した由。じつはあそこはちょっと多田さんをモデルにしたようなところがあるのだ。

某月某日

みなみ会館でアレクサンドル・ソクーロフ監督の「ストーン」(一九九二)の特別鑑賞というのをみる。以前、知人がみて眠ってしまったという曰くつきの作品。それでもチェーホフの亡霊が出てくるというので、特別料金千五百円を払ってみる。

上映の前にロシア・アヴァンギャルドの研究者というひとのだらだらした解説を三十分間も聞かされ、それだけでもう十分疲れる。

モノクロの薄暗い室内(ストーン?)のなかをチェーホフらしい老人と監督(?)らしい男性が亡霊のようにふらふらとさまよう。ただそれだけ。せりふはほとんどない。ちょっとタルコフスキーを思わせるが、それよりもっと難解な作品。ふーん、これがロシア・アヴァンギャルドか。どうやら私には高級すぎるようだ。私は眠らなかったが。

某日

曽宮一念の随筆集『榛の畦みち』、『海辺の熔岩』の二作が講談社文芸文庫で一冊になって出たので早速購入。

まず年譜に目を通して驚く。明治二十六年（一八九三）生まれのこの洋画家は七十歳で失明しながら百一歳まで生き、昨年の年末にはNHKテレビの特別番組に出演しており、また六十五歳のとき『海辺の熔岩』で日本エッセイスト・クラブ賞を受賞しているのだった。

その随筆をいくつか読んでみる。反俗的な生をつらぬき若くして孤独のうちに死んだ友人の画家遠山教円を偲ぶ「榛の畦みち」など亡き友を回想する文章がいい。しかしほとんどどれも私の知らない画壇内の話で、出てくる画家も中村彝や青木繁をのぞき、絵をみたことのないひとばかり（曽宮一念の絵もそうだ）。いささか退屈、つまり私の教養のなさが理解をはばんでいるのだ。画描きの文章なら私には小出楢重の方がうまいと思うし面白い。いや、その種のうまさや面白味を欠く反俗あるいは超俗のうちにこそ、このひとの人柄の真骨頂があらわれているというべきか。

やはり曽宮一念の人と文が凝縮されているように思えるあの「食軽く酒盃小さく色淡く　人を妬まず糞金溜めず」、この一首だけで私には十分なようだ。

某月某日

二、三年前に手紙をくれた藤沢の「映画館主義者」の主婦Kさんから便りがとどく。筆まめというか手紙好きらしくこれで五、六通目だ。この人の手紙はいつも水色の封筒に入っているから一目でわかる。なかの手紙の文字（横書き）のボールペンの色もそれより濃目の水色。

最近、私の訳した『フランス短篇傑作選』（岩波文庫）を読んだ。いちばん好きなのは冒頭のリラダンの「ヴェラ」だとある。「愛」は「死」よりも強し、というソロモンの言葉ではじまるこの短篇は、亡き妻ヴェラを諦めきれぬ夫（伯爵）のもとに、深夜彼女が姿を現して一夜をともに過ごすという幻想的な物語である。こういうのが好きとは、このひと少々変っているか。

変っているといえば、彼女はこんどの手紙のなかで私のことを「足ながおじさん」とよんでいる。一体、これは何だ。彼女は孤児なのか。それにしても私を「あしながおじさん」とは。

何かべたつくものを感じる。で、そのことには一切触れず、ただ訳書を読んでくれたことの礼のみをしたためて返事を出す。

某月某日

「VIKING」同人で、パプア・ニューギニアの日本大使館付医官をつとめる久家義之（後のペンネーム久坂部羊）を頼って首都ポートモレスビーを訪れ、一週間滞在、久家の世話になる。観光客のひとり歩きは危険というので、広大な敷地のあるホテルのなかで過ごす。その間、土地の旅行社の案内で飛行機で約一時間、マウントハーゲンという山地の観光地を訪れ、ブッシュハウスに二泊。泥の仮面をつけ全身に泥を塗った男たち（マッドメン）の裸踊りなどを見物する。
滞在中、宿のバーバラさんに親切にしてもらう。

某月某日

太平洋ムルロワ環礁でのフランスの核実験に抗議して「よむ会」会員のK君が京都の日仏学館前でハンスト開始。

そのころちょうど執筆の順番がまわってきたので京都新聞（夕刊）の「現代のことば」欄に、この核実験にかんして「メイド・イン・フランス」という一文を寄稿。その晩、早速杉本から電話がかかってきて「あれ、よかったよ」と褒めてくれる。珍しいことだ。

某日

「朝日」朝刊につぎのような記事がのる。

ベネチア国際映画祭の最終日の授賞式会場に、フランスの核実験に抗議するグループが横断幕をかかげて乱入、ビラをまいた。会場を埋めた出席者たちは大きな拍手と声援を送った。その拍手は授賞にたいするものよりも長かった云々。

某月某日

映画のチラシには、ぐったりとした若い女を抱きかかえる若者の上半身の姿、その下に「愛よりも非情」と赤で大きく横書きされている。監督はスペインのカルロス・サウラ。この名前は憶えている。以前にみた「カラスの飼育」（一九七五）を撮ったひとだ。内容は忘れたがヴィクトル・エリセの「ミツバチのささやき」（一九七三）で一躍有名になったあの子役アナ・トレントが出てくるいい作品だった。そういえばほかにも最近「カルメン」、「血の婚礼」などで評判になった。いまやスペイン映画を代表する監督なのだ。

「愛よりも非情」（一九九三）、原題は*¡Dispara!*「射て！」。ついでに音楽はと見ると主題歌作曲カルロ・ルスティケリ、唄アリダ・ケッリ「死ぬほど愛して」。

あっと思う。

〽アモーレ　アモーレ　アモーレ、

アモレ　ミーヨ……

突然、胸のうちで鳴りはじめるこの調べ。「刑事」（一九五九）の主題歌。監督はあの傑作「鉄道員」（一九五六）のピエトロ・ジェルミ。

ローマの老朽アパートで盗難や殺人などの事件が起る。その捜査に当る刑事（監督の自演）によって逮捕された若者が手錠をかけられ連行される。その後から、アパートで働いている婚約相手の娘（クラウディア・カルディナーレ）が追いかける。そのシーンで哀切な調べにのって歌われるのがこの曲なのだ。

〽アモーレ　アモーレ　アモーレ
　アモレ　ミーヨ……

「愛しいひとよ」の繰り返しの後に、

〈私はあなたの腕のなかで一切の悲しみを忘れる。私はあなたと一緒にいたい、でなければ　死ぬ……〉といった意味のイタリア語の歌詞がつづくのだ。

これはぜひみたい。早速、大阪の「くにめー」へ足を運ぶ。

サーカス一座の花形アンナは、全力で走る馬の上から的を射る射撃の名手。新聞記者のマルコスはサーカスの取材中彼女に出会い、たちまち二人は愛し合うようになる。ある夜、アンナは近くの自動車修理工場の若者三人に犯される。肉体もこころも引き裂かれ絶望と孤独に突き落とされたアンナは復讐をちかう。

「アモーレ　ミーヨ」は映画のなかで三度歌われる。

最初は、口を大きく開いたアンナの写真をマルコスがじっとながめるシーンで。

二回目はアンナが三人の自動車修理工を射殺した後、車を田舎道に停め、シートに横たわって愛するマルコスのことを思う姿と、アンナのアルバムをながめるマルコスとが二重写しになるシーンで。

そして最後は、無人の一軒家に逃げこんで死のうとするアンナをマルコスが抱き起こし、生きるようにと励ます姿と、取り巻いた警官が近づいて来る情景とが二重写しになるシーンで。

〽アモーレ　アモーレ　アモーレ、

アモレ　ミーヨ……

アンナ役のフランチェスカ・ネリが好演である。サーカスのキャラバンのなかで三人のチンピラに犯されたアンナが翌朝、股から血を流しながらためらうことなくライフルを手に取り車で自動車修理工場へ向かう、その動きのみを追うカメラがすばらしい。

全身が熱くなる。そうだ射て！　と胸のうちでさけぶ。射て！　目に涙があふれ出る。

某日

「恋する惑星」（監督王家衛《ウォン・カーウァイ》、一九九四）。

香港映画というのははじめてだが、この王家衛はいま香港や台湾の映画界で有名な人物らしい。好奇心にさそわれてみなみ会館へ。

　この会館へはこれまで地下鉄で京都駅まで行き近鉄奈良線に乗り継いで一駅、東寺で下車という道順をたどっていた。今回は変更して京都駅の一つ先の九条駅で下車、九条通りを西へ歩くというコースをためしてみる。バスもあるが時間が当てにならないので歩く。近鉄の東寺駅のガードをくぐりぬけさらに数分、計二十数分歩くのは少ししんどいが、これも足の鍛錬。家を出てから小一時間には変りはないが、途中の乗り継ぎの手間は省ける。

　やっとたどり着いて、今日もチンジャラ繁昌しているらしいパチンコ屋のわきの小さな階段を肩身の狭い思いでのぼり、硝子扉を押してなかをのぞくと、広くはないロビーは混んでいて、次回上映を待つ人の列が奥のトイレに向かう通路にまでのびているではないか。数えてみるとざっと二十人、みな若い。これは珍しい。この監督あるいは主演の俳優は若い世代に人気があるのか。

　さて「恋する惑星」。ちょっとややこしい筋だが、チラシによると――

　香港の盛り場のハンバーガー・ショップ。二人の若い警察官、ポリス２３３（金城武）とポリス６３３（トニー・レオン）。２３３が黒いサングラスの女（麻薬密売人）に会う。「そのとき彼女との接近距離は〇・一ミリ。その五十七時間後にぼくは彼女に恋をした」。２３３はまたハンバーガーの売り子のフェイに会う。「そのとき彼女との接近距離は〇・一ミリ。六時間後に彼女は別の男に恋をした」。そして話はその別な男６３３とフェイとの話に切り換る。なんだか妙な話だがけっこう面白い。

後で知ったがフェイ役のフェイ・ウォンはアジア・ポップス界のスーパースターだそうだ。なるほど列をなしていた若者たちはフェイのファンだったのか。いやはや、勉強不足。

ところで原題の「重慶森林」って何のことだろう。

某月某日

午後三時より寺町通鞍馬口下ルの天寧寺で天野忠さんの三回忌。秋晴れの下、家から三、四十分歩いて行く。会場で杉本秀太郎、涸沢純平、京都新聞文化部記者で天野忠担当だった中村勝らに会う。

法要の後、五時半より下鴨膳部町の中華料理店Bの広い芝生の庭に面した離れで会食。出席者十数名、大半は私の知らない天野さんの古くからの詩の仲間たち、とくに元「骨」同人の七十、八十代の人々だ。

秀子夫人は元気そうで「いまも主人が死んだなんて実感あらしません」と。そして私に向かって「おうち近いのやし、山田さんもっと来てくれはったらええのに、と言うてました」と残念がる。

出席の老詩人たちのなかに、元京大教養部で英語を教えていたO氏（葬式のときの葬儀委員長）がいる。顔は憶えているが、年も離れているので言葉をかわしたことはなかった。

そのO氏が酒宴の最中、懐しそうに私の席のとなりに移ってきて話しかける。元気で酒もつよそうだが足が弱っていて杖をついている。途中、小用に立つとき私が付き添うことになる。

O氏はむかし若いころアイルランドに留学、そのさいパリに行き、モンマルトルで「アフリカの女とセックスして童貞を失いました」と言って笑う。私はおどろき「へえ……」としか返せない。いかに酔っているにせよ、親しくもない私にむかってこんな打明け話をするとは。さらに、アイルランドに行く機会があれば言ってくれ、紹介してあげたい人がいるからと。私の年齢を訊ねるので六十五と答えると、これからが花だ、自分は七十二のときアイルランドを再訪したが八十になるともうだめだ、あなたはいまのうちにしたいことをしておきなさい、と励ましてくれる。

こんなおもしろい人が教養部の英語科にもいたのか、もっと早く親しくなっておけばよかったと悔いる。

いい会だった。

某月某日

須賀敦子の新刊『トリエステの坂道』（みすず書房）を読む。

『ミラノ　霧の風景』以来須賀敦子は私のもっとも好きな作家のひとりだ。何よりもあの「きちんとした」文章がいい。

オビに「閉じこもった悲しみの日々にわたしが自分を映してみる一本の道がある」（ウンベルト・サバ）が引かれている。

全部で十二篇から成る。夫ペッピーノの家族にまつわる話もいいが、もっとも感銘をうけたのは最後の「ふるえる手」の後半の、ナタリア・ギンズブルグを回想するくだりだった。

イタリアに長年暮らしながら、日本の作家のものをイタリア語に翻訳しているうちに自分の日本語が痩せて萎れていくのではないかと不安になっていたちょうどそのころ、夫にすすめられて読んだのがナタリア・ギンズブルグの『ある家族の会話』だった。この本は私も何年か前、白水社から須賀敦子の訳で出たのを読み感動したおぼえがある。

これは第二次大戦中ファシズムとたたかったユダヤ人家族とその友人たち（そのなかにはあのパヴェーゼもいる）の物語である。その流れるようなごく自然な文章に感心した須賀は、そのなかの、プルーストに熱中していたナタリアの母親が気に入ったくだりを何度も声に出して読んでいたというエピソードに注目する。そして「好きな作家の文体を、自分にもっとも近いところに引きよせておいてから、それに守られるようにして自分の文体を練りあげる」、そのようにして作家は自分の文体をこしらえるのだ、これこそ「ナタリアの文体宣言」なのだと気付く。

『ある家族の会話』を読んでから十数年たって、ナタリアのいとこという友達の紹介で、須賀はこの有名作家に会うことができた。彼女はその後も多忙な時間を割いて会ってくれて、須賀がイタリア語に訳した川端康成の『美しさと哀しみと』のテクストに目を通し文章を直すなど、じつに親切に指導してくれた。

ナタリアの死後、ふかい喪失感をいだいて須賀はローマを訪れ、かつて恩人が住んでいたアパートの建物の近くを通りかかり、最後に訪ねて行った日のことをまざまざと思い出す。

その日、たまたまお手伝いさんが休んでいたため、みずからコーヒーをいれてくれた大病後のナタリア。

「書くという私にとって息をするのとおなじくらい大切なことを、作品を通して教えてくれた、かけがえのない師でもあったナタリアへの哀惜に、雨降りの歩道で、私は身も心もしぼむ思いだった。」

その後で須賀敦子は以前に見たカラヴァッジョの「マッテオの召出し」をいま一度見たくなってその教会を訪れる。光のなかのキリスト像の対極の左端に描かれた一人の男。体は闇に没しているが、そこだけは光のなかに置かれている「変形した、醜悪なふたつの手」、それを彼女はカラヴァッジョ——性格破綻者でもあった不幸な画家自身の手にちがいないと推測する。そして「醜い自分の手を（……）キリストの美しい手の対極に置いて描きおおせたとき、彼は、ついに、自己の芸術の極点に立つことができたのではなかったか」と考える。

「ふと、寒さにこごえたようなカラヴァッジョの手のむこうに、四月、それが最後になった訪問のときコーヒーを注いでくれたナタリア・ギンズブルグの、疲れたよわよわしい手を見たように思った。鍋つかみのかわりにした黒いセーターの袖のなかで、老いた彼女の手はどうしようもなくふるえていて、こぼれたコーヒーが、敷き皿にゆっくりとあふれていった。」

「ふるえる手」はこのように結ばれていた。

某月某日
島京子に誘われて上海旅行のグループに加わる。島さんと友人の女性二名、男性は「VIKING」の竹内和夫、編集工房ノアの涸沢純平、ジュンク堂書店の岡充孝、そして私の総勢七名。
上海の華東師範大学社会科の教員江維娜《チャン・ウィナ》さんの世話である。以前、神戸に留学中に島さんを知り、その世話になった彼女は島さんを恩人として敬愛し、「お母さん」とよぶ。先の大震災の時も島さんの身の上を案じ、しばらく自分たちのところに身を寄せてはどうかと誘ってくれた由。

台風のため関西空港出発が遅れたが一行は無事、上海空港に着き、出迎えの江さんの車で大学の教員用宿舎へ。ここが上海滞在中のわれわれの宿となる。

私にとって初の中国。第一印象はと問われれば、即座に「人間が多いこと」と答えるだろう。ちょうどむかしはじめてフランスに留学したとき第一印象を訊ねられ「人間が少ないこと」と答えたように。

実際、上海の街は朝から人で溢れている。超満員のバスを見ると、戦後間もない日本にタイムスリップしたような気がする。そして広い街路にどこからともなく湧き出る人、人、人。とぎれることのないおびただしい数の自転車の列。その間をたくみに縫うように疾走する車……。

人々はまだ人民服のような黒っぽい色の服を着ている。女性はみなズボンだ。

一週間の滞在中、無錫、蘇州、杭州へ一泊旅行をした。上海駅の構内に乗車を待つ長蛇の列。なんだか懐しい情景だ。

地方の都市へ行っても人の数は減らない。地方都市といえども人口は数百万あるのだから。

その喧騒の街にも裏にはひっそりと小さな運河が流れていた。音もなく行き交う小舟。流れに面した小さな民家の裏口から出てきて、川の水で洗いものをする老女の姿。これもまた昔懐しい情景だ。

付き添ってくれた江さんのおかげで、珍しい体験ができた。

蘇州から帰る汽車は超満員。そこで江さんが駅員と交渉し事情を話して、おかげで特別に郵便車輌に乗せてもらえたのである。がらんとした倉庫のような殺風景な車内だが、スペースは十分にある。各自好きなところに腰をおろして気楽に旅をつづけることができた。

一週間後に帰国。戦後間もない日本への旅からもどってきたような、不思議な気分。

江維娜さん、謝謝《シェシェ》。

某日
旅からもどってみると、つぎのような葉書がとどいている。
「『スモーク』やっと見れた（ラヌキすき！）。いやあ、しびれた。（……）しばらく不作がつづいていたあとだけに、これ大当りちゅうとこか。この勢いで年末宝くじ買わな、思うとるとこ」。こんな調子である。差出人は前にも紹介した親友の石田和巳で、東京に住むことすでに数十年、それでも私にたいしてはこの口調なのだ。何ごとにも気難しい彼がこれほど言うのだからただごとではない。

じつはポール・オースター原作の「スモーク」（監督ウェイン・ワン、一九九五）という日米合作映画、私もみるつもりでいたのだが上海旅行と重なり断念していたのだった。調べてみるとありがたや、まだやっていてしかも今日が最終日。朝九時すぎに家をとび出し朝日シネマへ。

一九九〇年のブルックリン。十四年間も毎日同じ時間に同じ街角の写真をとりつづけている煙草屋のオーギー（ハーヴェイ・カイテル）、店の常連で、妻を失い悲嘆にくれる作家のポール（ウィリアム・ハート）。さまざまな事件が生ずるが、とくに私の好きなのが最後のエピソードだ。

ニューヨーク・タイムズから年末用の物語を依頼されたのでネタがほしいというポールに、煙草屋のオーギーが自分の体験談として語って聞かせる話――

ポルノ雑誌を万引きした男が落して行った財布を手がかりに、それを返しにクリスマスの日にその家を訪ねていく。するとそこに盲目の老女がひとりいて、孫がやって来たと思いこみ、オーギーの方もその孫になりきって、二人でクリスマスを祝う。そのうち彼はバスルームに隠してあった盗品らしいカメラを発見、それを失敬して、眠りこけた老女をそのままにして帰る。そしてそのカメラで毎朝同じ時間に同じ街角を撮りつづけてきた、十四年間で四千枚も。

ポールはこの話をそのまま書いてニューヨーク・タイムズに送ることにきめる。

ポール・オースターは書いている。「信じるものが一人でもいれば、その物語は真実にちがいない」と。

スモーク、けむり。けむりのようなお話。

「いやあ、しびれた」と感想を石田に書き送る。

＊長年の友石田和巳は二〇二〇年八月なかば、都営住宅七階の自室で死んでいるのを発見された。孤独死だった。エアコンが設置されていなかったので熱中症と推定される。葬式は行われず。彼はむかし大阪から東京に出てきたころ、大道の占い師に「野垂れ死にの相がみえてるよ」と言われたことがあり、その予言どおりになった。あと一カ月で満九十歳、生涯独りをつらぬいた男にふさわしい最期だった。

某月某日
フランスの映画監督ルイ・マルの訃報が顔写真付きで大きく新聞にのっている。享年六十三。
ルイ・マルといえば直ぐ思い出すのが「死刑台のエレベーター」（一九五七）。完全犯罪をねらう殺人犯の話だが、手法や映像の斬新さが洋画ファンの間で大いに話題になったものだ。広い意味でのヌーヴェル・ヴァーグのはしりだった。その次に封切られたのが「恋人たち」（一九五八）。人妻（ジャンヌ・モロー）と行きずりの若者（ジャン＝マルク・ボリー）との月夜の庭でのラブシーン、繰り返し流されるブラームスの弦楽六重奏曲第一番の旋律……。私のまわりにはこれによってジャンヌ・モローのファンになったものが多かった。
そのほか、第二次大戦中、ゲシュタポの手先になった田舎の若者と美しいユダヤ人の娘との悲恋を扱った「ルシアンの青春」（一九七四）、アメリカから帰国して撮った、ナチス占領下の自分の少年時代の体験をもとにした「さよなら子供たち」（一九八七）、そして一九六八年のパリの五月革命さなかの田舎の風俗を描いた「五月のミル」（一九八九）。こうして挙げていくとかなりたくさんみている。どれもよかった。

もう一つあった。「鬼火」（一九六三）。私が一時関心をいだいていたドリュ・ラ・ロッシェル（ナチスに共鳴し、戦後自殺）の小説が原作であるだけに忘れがたい作品だ。かつては社交界の花形で今はアル中で治療中の男（モーリス・ロネ）が自殺するまでの二日間を描く。若い日のロネの妖しいほどの美貌が次第に衰えていく、その暗い崩壊の過程を描く映像には異様な迫力があった。なおルイ・マルの妻はアメリカ女優のキャンディス・バーゲン。

某日

朝日シネマでニキータ・ミハルコフ監督の「太陽に灼かれて」（ロシア・フランス合作、一九九四）をみる。これは昨年パリでみたのだが（フランス語の題名は「偽りの太陽」）もひとつよく解らなかったので見直すことにしたのだ。いや、そうでなくても「黒い瞳」以来ファンであるミハルコフはもう一度ゆっくりみたい。

時はスターリンによる大粛清のおこなわれていた一九三六年の夏。「革命の英雄」コトフ大佐（監督の自演）は美しい妻のマルーシャと六歳になる娘ナージャ（監督の実の娘）と三人で、モスクワ郊外の特権階級の住む「芸術家村」でヴァカンスを楽しんでいる。そこへかつての仲間のドミトリが訪ねてくる。十年ぶりの再会だった。彼はむかしマルーシャと愛し合う仲だった。しかしやはり彼女に思いを寄せていたコトフによってパリのロシア大使館付武官として遠ざけられ、その間コトフは、マルーシャと結婚した——そういう過去がある。

ドミトリはいまはスターリンの秘密警察の一員になっていて、訪ねて来たのはドイツや日本に軍の機密情報を洩らしたかどでコトフ大佐を逮捕するためだった。

こうして男女の愛情のもつれに政治的陰謀がからまった悲劇がくりひろげられる。すでに他の元同志を何人も権力に売りわたしていたドミトリは、コトフの逮捕後、自ら生命を絶つ。

これは実話をもとにしていて、実在のコトフ大佐は後日、名誉回復された由。

ドミトリをふくむこれら時代の犠牲者たちについて監督のミハルコフはつぎのように書いている。「彼らは革命という〝偽りの太陽〟に灼きつくされたのだ」と。

つらい映画だ。しかし「黒い瞳」の監督の手にかかるとどこかかすかに甘美な、古きロシアへのノスタルジーのようなものが感じられる。このミハルコフ調がたまらない。

某月某日

新聞でアメリカのSF作家ジャック・フィニイの死を知る。享年八十四。

日ごろSFなど読まぬ私の書棚に、そのフィニイが数冊並んでいる。そのなかの、白い背に黒々と『ふりだしに戻る』と読める一冊を取り出す。何年か前、たまたま書店で題名に惹かれて買って読んだ。それがフィニイとの出会いだった。

表紙のカバー画は十九世紀のニューヨークの夜景。ばら色に染まるビル、その前を走る黒い乗合馬車。前景にタキシードにシルクハット姿の男性と、大きな花飾りの付いた帽子にロングドレスの女性のカップルの後姿。

『ふりだしに戻る』（福島正実訳、角川書店、一九七三）。上下二段組み四百ページほどのこの長篇の内容を私はもうほとんど忘れている。たしかアメリカ政府の秘密機関に頼まれ、ある使命を帯びて十九世紀のニューヨークだかワシントンだかに旅立つ男の物語だった。

その後、『ゲイルズバーグの春を愛す』、『レベル3』などの短篇集（いずれも訳者は福島正実）を何冊か読んだ。そしてフィニイがたんに過去にタイムスリップするだけのSF作家ではなく、実用一点ばりの現代社会にたいして抗議し、過ぎ去った時代の物と人のもつ品位を擁護するつよい思想のもちぬしであることを知った。

『ふりだしに戻る』、いい題だ。原題の *Time and Time again* を最初は「時ふたたび」としていたのをこのように直したのは福島正実のお手柄である。何年か前、私はこの題に惹かれて読んだのだ。

いまは毎日が「ふりだしに戻る」だ。何時までも「上がり」になれそうもない。

某月某日

「映画一〇〇年・京都国際フェスティヴァル」のカタログがとどく。表紙はリュミエール兄弟の上半身の写真で、アート紙使用の九十ページはずっしりと重い。

期間は十二月一日から十日まで。その間に市内十カ所（みなみ会館をはじめ朝日シネマ、日伊会館など）に分れ、のべ百数十本の世界中の古典的あるいは現代的名画が上映される。国際的シンポジウムも開催されるらしく、なかなか豪華なメニューである。

ページをめくっていくと一番最後に、先日頼まれて書いた私の「シネマ・デイ」というエッセイが「特別寄稿」として顔写真付きで掲載されているのに気づき、びっくりする。おまけに英訳付きで。これは「国際」だから仕方がないか。

カタログにざっと目を通しただけで、はや疲れる。この種の大きな催しはどうも私の性に合わない。ひまはあり余るほどある。無料パスももらっている。それでも何となく気が重いのだ。

「シネマ・デイ」でも書いたように、やはり映画はどこか小さな映画館で上映されているのを発見し、なにか悪事でもはたらくように、とは大袈裟だが、こっそりひとりでみに行くというのが私の流儀。つまり映画はあくまでも私の孤独な愉しみなのだ。とはいうものの、折角地元でこれだけのお膳立てをしてくれたのに全然箸をつけずにそっぽを向く、それほどの礼儀知らずでも偏屈者でもない。がんばって百何本かのうちつぎの七本をみた。十日間で七本、私としては十分な数である。

「好男好女」(台湾)、「グランド・ホテル」(アメリカ)、「アントニオ・Hの真実の生活」(イタリア)、「エイジアン・ブルー　浮島丸サコン」(日本)、「族譜」(韓国)、「レニ　映像の力　レニ・リーフェンシュタール」(ドイツ、ベルギー合作)、「明日を夢見て」(イタリア)。このうちとくに記憶にのこるもの五本についてざっと記しておこう。

十二月某日

風の冷たい朝、十時前に家を出て朝日シネマへ。

「グランド・ホテル」(監督エドマンド・グールディング)。一九三二年作のこのアメリカ映画のことは何かで知っていたが、何よりも今日のお目当てはグレタ・ガルボ。舞台はベルリンの超一流のグランド・ホテル。冒頭、電話交換手の仕事ぶりや、吹抜けの内部の天井から一階ロビーの様子を俯瞰撮影で見せるところが今でも新鮮だ。

ホテルに集まるさまざまな人々——病気療養中の大金持クリンゲライン、実業家の速記者をしながら幸運を夢見る娘フレムヒェン(ジョーン・クロフォード)、一見上品な中年紳士、じつは金に窮し仲間と窃盗をはたらいているフォン・ガイゲルン男爵(ジョン・バリモア)。豪華なスイートルームには帝政ロシアを懐しむ今は人気落ち目のバレリーナ、グルシンスカヤ(グレタ・ガルボ)。ある晩、宝石を盗みに部屋に忍びこんだ男爵に誘惑されて彼女ははげしい恋におち、二人はいっしょに旅立つ約束をするのだが。

おもしろいせりふがいくつもある。たとえば余命いくばくもないクリンゲラインが言う。

「死を知らない者は生も知らない」

場所、時間、人物を限定して、それぞれの人物のエピソードを同時進行的に描く、こうした撮り方は後に「グランド・ホテル形式」とよばれるようになった由。

ガルボとバリモアのラブシーンが収穫。十分に楽しめた。

某日

日伊会館で「アントニオ・Hの真実の生活」(監督エンツォ・モンテレオーネ)をみる。せりふは勿論イタリア語(英語の字幕付)、私のイタリア語くらいでは全く歯が立たない。よく解らない箇所もあったが、ざっとこんな内容(らしい)。

子供のころから映画俳優になりたいと思いつめていながらチャンスを逃がしつづけた男の挫折の生涯の物語である。

全体は本人の語りとニュース映画の断片、ジャン＝リュック・ゴダール、オーソン・ウェルズら有名映画人との会見、彼らの証言などから構成されているのだが、肝腎の本人の語ることがどこまで本当なのか怪しい。このいかがわしさがおもしろい。各所にユーモラスあるいはグロテスクなエピソードがはさまっていて。フェリーニ、モレッティ、トルナトーレなど、私の好きな監督を混ぜ合わせたような作品だ。

某日

「族譜」（監督イム・グォンテク（林権澤）、一九七八）を朝日シネマで「エイジアン・ブルー　浮島丸サコン」（監督堀川弘通、一九九五）と二本立てでみる。前者の方がはるかに秀れている。

「族譜」。韓国映画は久しぶりだ。二、三年前にみた「ホワイト・バッジ」以来かもしれない。この作品は梶山季之の同名の小説を原作にしているそうだ。

族譜とは韓国の家代々伝わる家系図で、儒教社会の象徴、誇りであった。日本による植民地統治時代、創氏改名に最後まで抵抗しこの族譜を守りぬいた地方の大地主の姿を、日本人青年の眼を通して描いている。怒りと悲しみを声を大にして直接訴えるのでなく、民族の大きく深い歎きとして静かに描く、そこが感動的だ。一九七九年の朴正熙大統領暗殺後の雪解けの時代に生まれた名作だと思う。こんな発見は、やはりこの大々的な催しのおかげというべきだろう。

某日

夕方六時より、川端通り荒神橋近くの関西ドイツ文化センターで「レニ　映像の力」（監督レイ・ミューラー、一九九五）をみる。

リーフェンシュタールと聞けばたちまち私は六十年ほど過去にタイムスリップして、母に連れて行ってもらった門司の小さな映画館（当時は活動写真館とよんでいた）の暗闇に腰かけてベルリン・オリンピックの記録映画「民族の祭典」（一九三八）の画面に見入っていた八つか九つの少年にもどる。女子四百メートルリレーの決勝、ドイツチームの走者が観戦中のヒットラーの眼前でバトンタッチに失敗してバトンを落とし、頭をかかえてその場にうずくまる姿、ヒットラーの苛立った顔。その映像に、リレーの選手だった私はまるでわが身におこったことのように全身を固くして見入っていた。……

今回の作品にはその場面はなく、山岳映画の女優、一九三四年のナチス党大会の記録映画「意志の勝利」の監督、戦後のアフリカのヌバ族を撮った写真家、そして海底写真家、この四つの時期に分けてインタビュー形式でレニの生涯を描いたものだ。カラーで三時間の大作。

やはり最大のヤマ場はヒットラー時代、あの「意志の勝利」の映像が圧倒的な迫力を感じさせる。リーフェンシュタールはナレーションを排し、モノクロの映像のみの力で集団の動きを表現しようとする。その画面の美しさ。政治的プロパガンダということを忘れさせる。「美」の、「芸術」の力。

このドキュメンタリー映画「レニ」の採録シナリオが五十ページのりっぱなパンフレットになっている。表紙はレニを真正面から撮った肩から上の写真。その下に *THE WONDERFUL HORRIBLE LIFE OF Leni Riefenstahl*

この映画は監督のミューラーによる質問とそれに答える彼女の言葉、その間に挟まれる当時のニュース映画、記録映画、「意志の勝利」などの映像によって構成されている。

インタビュアーからの執拗な質問――ナチスのユダヤ人虐殺のことを知らなかったのか、ヒットラーとの関係は？ 等々にたいしてレニ・リーフェンシュタールはきっぱりと否定。ドイツ軍によるパリ占領の知らせを聞き、ヒットラーに打った祝電について問われると、あれはこれで戦争が終り平和が訪れるのをよろこんだのだと応じる。そして何故自分は間違っていた、すまないと言えないのかと問い詰められると「どこに私の罪が？　「意志の勝利」を作ったことは残念です。あの時代に生きたことも、残念です。でもどうにもならない。（中略）言って下さい、どこに罪が？　私は原爆も落とさず、誰も排斥しなかった……」と開き直り、悪びれるところがない。

その迫力に打たれる。三時間が経ち、暗く重い感動をかかえこんで会場を出て、寒い夜道をたどる。

某日

「明日を夢見て」（一九九五）。なんだか甘くて敬遠したくなるような題だ。しかし監督が、以前私が『シネマのある風景』のなかで「ニュー・シネマ・パラダイス」と「みんな元気」に最大級のオマージュを捧げ、そしてフェリーニ亡き後、私がいまいちばん好きなあのジュゼッペ・トルナトーレで、しかも来春の一般公開に先立つ日本での特別上映と知れば、何をおいてもみなければならない。しかも上映は一回きり。かくて十二月のある日、夜六時半の開映に合わせて早目に夕食をすませ、岡崎公園内の京都会館第一ホールにかけつける。

一九五三年のシチリア。ジョーは映画俳優募集のためのオーディションと偽って、映画スターを夢見る貧しい村人たちから金を騙し取っている。カメラの前に立つと老いも若きも、男も女もみな自分の人生を語りはじめる。家族のこと、戦争体験、シチリアの古い歴史……。そこには数々の秘められたドラマがあり、それに感動したジョーはやがてカメラの魔力にとりつかれ、商売を忘れてシチリアの人々、島の風景などを撮りはじめる。そこへ現れたのが貧しい孤児のベアータ。カメラのファインダーを通してみた彼女の輝く瞳、無垢な微笑に魅せられたジョーはたちまち恋におちる。こうしてカメラを通して結ばれた孤独な二人は新しい人生に旅立つ。

ベアータを演じるのは千人のなかから選ばれたツィツィアーナ・ロダートというズブの素人だそうだが、じつにうまい。概してイタリア映画では素人の演技が光る。「ニュー・シネマ・パラダイス」でもそうだが、この作品はその姉妹篇といってもよさそうだ。

エンニオ・モリコーネの音楽がまたいいのだ。原題は *L'Uomo delle Stelle* 直訳すれば「星々の男」、つまり「スターを生みだす男」という意味だろう。

「族譜」同様、これも「フェスティヴァル」のたまもの。文句を言っていたのは誰だ。

某日

「フェスティヴァル」が終ってほっと一息つく。やっと私の「シネマ・デイ」がもどってきた。暦を見ると早や年の瀬も迫っている。だがこのまま一年が終るのでは、やはり物足りない。

ちょうど、大阪の「くにめー」で私の好きなグルジア映画の特集をやっている。これは見逃がせない。「若き作曲家の旅」、「青い山　本当らしくない本当の話」、「田園詩」の三本をみる。最後の「田園詩」（一九七六）がとくによかった。監督はオタール・イオセリアーニ。以前にこの人の「落葉」（一九六六　日本公開一九八二）という作品（葡萄収穫のシーンがすばらしかった）をみて以来、私はグルジア映画のファンになったのだ。

年末ぎりぎりの二十九日、「こだわり日本一の映画館」の全四十二席のうち二十席が埋まっている。盛況である。めでたい。

田舎の小さなコルホーズ（集団農場）に、町から四人の室内楽のメンバーがやって来て農家の二階を借り、ベランダで練習をしはじめる。曲はモーツァルト。しかし牛、豚、にわとりの鳴き声、酒盛り、喧嘩の声などに邪魔されて、練習ははかどらない。コルホーズの十五、六の娘がこの楽団の一行と親しくなる。そしてそのなかの若い男に惹かれ、似顔を描いてもらったりする。

とくにドラマチックなシーンはないのだが、モノクロで撮られた農村生活の映像が美しい。それに重なってどこからか練習中の室内楽の調べが聞こえてきて、これがまたすばらしいのだ。

こうして時がたち、四人の音楽家は町へ帰って行く。それを黙って見送る娘。まさに一篇の田園詩だ。この一年の締めくくりとして、いい作品にめぐりあえた。シネマの神さま、ありがとう。

この一年にみた映画は六十三本。五本選ぶとすれば(順不同)「愛よりも非情」、「スモーク」、「太陽に灼かれて」、「族譜」、「明日を夢見て」(あるいは「田園詩」、「レニ」)となるか。

一九九六年

一月某日

「よむ会」の第四〇七回正月例会。於・楽友会館。多田道太郎が谷崎潤一郎の『蓼喰ふ虫』について報告。出席者二十二名、討論も活発。

終了後、記念撮影。会は四月で解散予定だから、これが最後の正月の記念撮影となる。

某日

年末に「思想の科学」編集部から書評の原稿依頼のあった江成常夫『花嫁のアメリカ』のコピーがとどき、早速読み感動する。引き受けることにし、その旨返事する。

私は「思想の科学」とは関係がないのでちょっと意外な気がしたが、思い返せば三十数年前に同誌に「現代の復讐者　松本清張」というエッセイを書いている（『ヴォワ・アナール』所収）。だがそれは遠いむかしの話、いま私にこういう本の書評をたのむことを思いついたのは誰だろう。

某日

新年早々、ひるすぎに慶子と大阪のフェスティバル・ホールへ。またも「メリー・ウィドウ」（ハンガリー国立ブダペスト・オペレッタ劇場公演）。二年前にもウィーンの国立オーパのものをきいたが、こんどの方がよかったように思う。相変らず「ヴィリアの歌」、二重唱「唇は黙し……」に感動する。今回もフィナーレのカンカンに体が動き出しそうになる。

幕が下りて俳優たちが客席の通路に出て来る。すると私より一つ前の通路側の席の私とほぼ同年配の男がさっと起ち上り、ハンナ役の女優に握手を求め、差し出された手の甲に口づけをするではないか。ちくしょう、と思わず口に出る。それを聞いた慶子に「何をぐずぐずしてたのよ」と笑われる。

某月某日

午後、大阪の東映試写室に「キャリントン」（監督クリストファー・ハンプトン、一九九五）をみに行く。今年最初の映画だ。

画家のドーラ・キャリントンと伝記作家リットン・ストレーチーの奇妙な愛情の物語。私のお目当てはキャリントン役のエマ・トンプソンだが、ストレーチーにも関心がある。彼を中心とするブルームスベリー・グループの作家たち、キャサリン・マンスフィールド、ヴァージニア・ウルフらが私は好きなのだ。

男関係の多いドーラが、こちらも男関係の多い同性愛者のリットンを愛する。この複雑な男女関係における「愛」とはいかなるものか。

二人がはじめて寝る場面で、ドーラが「私はどんなことでもするわ」と言ってシーツの中に手を差し入れ、リットンのペニスを刺激するような仕ぐさを見せる妙になまなましくリアルなシーンがある。ああ、そこまでやるか……。

徴兵忌避者のリットン・ストレーチーが裁判所で意見をのべるさい、「私は痔ですから」と言ってゴムの空気座布団をふくらます場面、大学の英語の時間にそれと同じ仕ぐさをした深瀬基寛さんの姿を思い出し思わず笑う。
エマ・トンプソン、なかなかの好演、とくに笑顔がすばらしい。今年のわがシネマのある日常、幸先がよい。

某日
うちの近くの市のコンサート・ホールに佐藤しのぶを聴きに行く。ステージ後方の二階B席。歌手の背中をながめながら歌を聴くのははじめての体験だ。
プログラムは有名なイタリア・オペラのアリア、ヴェルディ、プッチーニなど。歌の合間にN響メンバーによる室内楽（モーツァルトの弦楽五重奏曲、シューベルトの「鱒」の有名な楽章）がはさまる。
佐藤しのぶ、声はきれいだがトークがよくない。最近こういうのが流行っているらしいが。聴衆を笑わせようとしきりに駄洒落をとばす。聴衆に媚びている、あるいはバカにしている。要するに品がない。折角の歌が台なしだ。ただ最後に「メリー・ウイドウ」のなかの「ヴィリアの歌」をたっぷりとした美しい声で歌ってくれた。これで帳消しにしよう。

某月某日

「不滅の恋　ベートーヴェン」（監督バーナード・ローズ）。

有名な芸術家や作家を主人公にした映画にはいいものは少ない、それにこの題（原題 *Immotal Beloved*）の魅力のなさ。やめておこうと考えていたのだが、友人二人がすすめるので半信半疑で新京極の弥生座２に足を運ぶ。

ベートーベンが“my best, my angel, my other self”とよぶ女性は誰だったのかを、死後、親友で秘書だったシンドラーがつきとめる。それは弟の妻ヨハンナであった、といった謎解きめいた話。ずっとベートーベンの音楽が流れていて少々うっとうしい。クロイツェル・ソナタについてベートーベンが、あれはヨハンナに会いに行く途中雷雨にあって馬車が進めなくなり、焦り苛立っていたときの気持を表したのだ、音楽とは関係ないと打ち明けるところなど面白いが。

真後ろの席の老人が居眠りをしていて、ときおりアーッと大きなあくびをした。

某日

ヨシフ・ブロツキーの『ヴェネツィア』を読む。むかし訪れたことのあるヴェネツィアが懐しくて読みはじめたのだが、私の感傷などうけつけない観念的かつ比喩の多い文章でなかなか進まない。彼は冬のヴェネツィアに惹かれ、毎冬のように訪れていたらしい。

やっと読みおえた日の夕刊で、その彼の訃報に接し、あ、とおどろく。「87年のノーベル文学賞受賞者」は心臓発作のためニューヨークの自宅で死去、享年五十五。

その同じ新聞（「朝日」夕刊）の「素粒子」欄に「ノーベル賞詩人ブロツキーの『ヴェネツィア』（集英社）を読了した日に、その詩人死せり」とあってまたおどろく。

某月某日

新聞で横山やすしの死を知る。享年五十一。若死にである。

数日後、テレビで「サヨナラ、やっさん」というのをやっていたので見る。私はやすしのファンではないが、ちょっとのつもりが二時間も見てしまった。

司会は桂三枝、ゲストに西川きよしその他。漫才を何本か見せつつ思い出を語る。

「やすし語録」――「勝つか負けるか」、「行け！」、「一番はドンケツといっしょや」、「こら、命かけてやらんかい」。後輩にはよく「人生なんか捨て！」と言っていたそうな。

わがままの淋しがり屋。てっちりが大好きで、相手が先に帰ろうとすると時計を取り上げ鍋のなかにほうりこんだ。

「なんでそんなに怒ってたんや、もうゆっくりしや」と言って西川きよしが泣く。漫才としては初期のものがきびきびしていてよい。「同窓会」など傑作だ。やはり天才とよびたくなる。酔っぱらってタクシーの運転手を殴ったり、ステューアーデスを「ねえちゃん」と呼んだり、スキャンダルも多かった、それらを含めてである。

某月某日

「よむ会」の今後をどうするかを相談する集りをもつ。出席者は意外と少なく八名、ということはもうどうなっても構わん、一任するということか。話し合いの結果、存続を希望する比較的若いメンバーで再出発ということになる。但しその場合、新しい会に「日本小説を読む会」の名称は用いないこと（後日、小笠原信夫を中心に「日本小説を楽しむ会」が発足）。

何年か前から、会員の小説を読もうとする意欲が衰えていた。会員が高齢化して（といっても六十代だが）小説への興味が薄れてきた。小説よりテレビドラマの方が話題になったりする。小説を読む適齢期をすぎたとでもいうか。一方、書店の棚からは地味な良質の純文学作品が消え、ベストセラー風のものばかりになった。

このような事情から「よむ会」も惰性的につづけるのでなく、まだその力の残っているうちにみずからの手で潔く片をつけよう——とまあこういった私のわがままな希望を会員が認めてくれたというわけだ。

以後、私の主な仕事は終刊号の会報第四百号の編集にしぼられる。

某月某日

天野祐吉が書いている。

「品というのは、自分の愚かしさを知る心の働きからくる気体状のものだ云々」

天野祐吉「品がないぞ！」（「ＣＭ天気図」）

品というものは羞恥心の有る無しと関係があるだろう。

某月某日

これまで毎月続けて出してきた「よむ会」の会報をそのままにしておくのは惜しい。合本にして残してはどうか。以前から話題になっていたのだが、その後何度か相談した結果、全部を合本にするのは経費上とても無理なので、記録性を重視して報告レジュメと討論のページだけで編集することに決まる。

だが私にはためらいがある。

以前に出した二百号記念号(一九七八年三月)で、富士正晴が二百号までの会報を一冊にまとめて本にするよう提案して、つぎのように書いていた。学問的には大事かもしれんが、報告レジュメや討論よりも「勇躍文章」、つまり「奇々怪々な不行儀千万の冗談文章あるいは戯文」を散佚させるのは日本文化のため「大損失」であるから、その部分だけでも一冊にして後世に残すように、と。

いま、私たちのしようとしているのはその正反対のことなのだ。それでも、と私は思う。仲間うちにしか通用せぬ「のんしゃらん」欄の匿名の戯文、あれが後の世の人の興味をひくだろうか。

合本の印刷を引き受けてくれる会社は、あるひとの紹介で神戸の近畿印刷工業というところに決まる。大震災の後仕事がなく、ぜひやらせてほしいとのこと。担当の人と会い、こちらの希望を説明し見積りを出してもらう。

後日、大谷大学の荒井研究室で同社営業部のH氏に会う。原本をタイプに打ち直さずそのまま写真にとって印刷するというやり方で、総ページ千二百、上下二巻、二百セットで計百二十万でやれると言う。ずいぶん安い。

土倉事務所に相談すると、「うちではそれではとても出来ません、どうぞそちらで」と言われる。

以後、合本作りの仕事は荒井とみよを中心に進行する。

某日

荒井研究室で、会員の国重君に手伝ってもらい、合本作りの作業をする。全会報三百九十八冊から、富士正晴のいわゆる「勇躍文章」のページを取り除き、報告レジュメと討論だけの三ページにしていくのである。ふと、魚でいえばいちばん美味いワタの部分を捨て去っているような気になる。

某月某日

朝日シネマで「音のない世界で」（監督ニコラ・フィリベール、一九九二）をみる。

パリの聾唖少年の教育施設のドキュメンタリーである。

ほとんどが手話で進行する。訓練を積み重ねて子供たちが少しずつ発音できるようになる。子供と大人が懸命に手話で気持を伝え合おうとする。聾同士の結婚式で、二人が手話で誓いの言葉を伝え合う。

ナレーションによる解説を加えず、淡々と映し出されるそれらの情景に感動した。

ここでは聾者は聴覚障害者として、つまり、「社会問題」として扱われてはいない。聾者には聾者の生活と文化がある。彼らはけっして「耳の不自由」なひとではないのだ。

某日

司馬遼太郎、腹部動脈瘤破裂のため死去、享年七十二。壮烈な最期。やはり過労か。

超有名なこの作家とは何かの会で二、三度会ったことがある。私が富士さんの「弟了」であることを知っていて、大阪弁で親しげに話しかけてくれた。威張った風は全くなかった。その後つぎつぎと送られてくる著書はとても読みきれなかった。司馬遼太郎の文章は私にはどうも読みにくい。文体が性に合わないというのか。そのなかで『ひとびとの跫音』はよかった。

某日

「思想の科学」四月号（特集「日本人のアメリカ体験」）がとどく。「「思想の科学」創刊50周年記念特集」と銘打つ、星条旗をあしらった派手な表紙の百六十八ページの大冊。私の寄稿した文章は「日本人が書いた本のなかのアメリカ」の章に収められている。他に中川六平、黒川創、吉田健一、石川好、加藤典洋、吉岡忍、今福龍太、津野海太郎ら。

江成常夫『花嫁のアメリカ』（一九八一）の私の書評の題は「Occupied Japan の青春」である。「花嫁」というのはアメリカ進駐軍の兵隊と結婚してアメリカに渡った「戦争花嫁《ウォー・ブライド》」を指す。著者の江成常夫はそのうちの九十一名から結婚後の暮らしの話を聞き出してこの本を書いた。どの話も中身が濃い。そして多くは「不幸」。

「いまから数十年前、「国際化」の必要がさけばれはじめるよりずっとずっと前に私とほぼ同年の、「敗戦と青春が重なった」世代の、日本人女性の一部が男性への愛情とおそらくは無知の力によって国を捨て純潔の偏見を打ち破って、いわば国際化の先兵となった、などと書いたところで空しい」と私は書いている。辛く悲しい内容の本だった。

OCCUPIED JAPAN

戦後間もなく、郵便物の封のところに開封検閲済のしるしにべったりと押されていたスタンプの文字と色。それは私の胸にいまも色濃く残っている。

某日

在東京。

新宿のシネマスクエアとうきゅうは以前にも見つけるのに苦労したのに、今度もまた歌舞伎町を通りぬけたあたりで迷う。やっと見つけたミラノ座の三階、風俗街のどまんなかにアート系上映館がある。

イギリス、フランス、マケドニア合作の「ビフォア・ザ・レイン」（監督ミルチョ・

ンチェフスキー、一九九四）。

民族紛争中のマケドニアとアルバニアにまたがる地方を舞台にした三つの愛の物語。構成がややこしく内容の説明は容易ではない。第三話のラストシーンが第一話のファーストシーンに舞いもどるなど、全体が循環形式になっているのだ。舞台がロンドンに移る第二話がよかった。夫とマケドニアの有名なカメラマンとの間でゆれる女性編集者の心理を描く。

だがそうした個々の物語以上に圧倒的なのは、荒涼たるマケドニアの大地の描写だ。中世を思わせる古い修道院、マケドニア正教の教会とイコン。……

「ビフォア・ザ・レイン」の「レイン」は何を指すか。民族浄化という名の大殺戮？ それはすでに始まっている。

翌日、日比谷のシャンテシネ3でフランス映画「憎しみ」（監督マチュー・カソヴィッツ、一九九五）をみる。

パリ郊外のH・L・M（貧しい団地）に暮らす若者と警官との憎み合いをドキュメンタリー風に描くモノクロ映画。題名同様、むきだしの憎しみ。

某月某日

会報四百号（終刊記念号）の原稿が早くもとどきはじめる。第一着は荒井とみよの「文章教室」。

会報は自分にとって貴重な文章教室だった。二十年前、編集長から「こんどの原稿は、あなたの将来のためにボツにしよう」と言われて以来、何年にもわたり会報に原稿を送りつづけ、そのつど感想をもらった。ここは自分の通信教育の場だった。「かくも長き年月の、なんという贅沢。万感を叙するに我が言葉なお乏しである。」

読みおえて私もまた万感胸に迫るものがある。私にとっても会報は貴重な文章訓練の場だった。毎号の討論記録、編集後記、埋め草の短文……。三十数年間に四千枚近く書いたと思う。それよりも大きいのは書く習慣がついたことだ。「よむ会」が私をつくった。

終刊号には会員の十九名が執筆、ほかに会員以外の、「よむ会の友」とでもいうべき次の九名の方々から寄稿をえた。その氏名のみを次に列挙する（到着順）。

松田道雄、鶴見俊輔、黒井千次、寺田博、高田宏、加藤典洋、川西政明、島京子、土倉九三。

某日

新聞の訃報欄。

「クシシュトフ・キェシロフスキ（ポーランドの映画監督）、三月十三日心臓発作で死去、五十五歳」

代表作として「殺人に関する短いフィルム」と「ふたりのベロニカ」が挙がっている。私のいちばん好きな「愛に関する短いフィルム」ではなく。

「ふたりのベロニカ」、これについてはそのとき書かなかったが、じつは四年前に試写をみに日本ヘラルド大阪支社まで足を運んだことがある。それほどキェシロフスキに関心があったのだ。試写室は満員だった。

ポーランドの小さな村とパリ郊外に、同じ日に生まれた瓜二つのベロニカという女の子。容貌も性癖も似ている。ともに音楽の才にめぐまれたこの二人が並行してたどる不思議な人生。脚本も監督が書いた由。

なぜこんな奇を衒った不自然な話を考え出したのか。はじめのころのひき締まったスタイル、冷酷さ、鋭さはどこへ行ったのか。

しかしベロニカ役のイレーヌ・ジャコブがカンヌで主演女優賞を取る（一九九一）などして興行的には大成功、この一作でキェシロフスキはヨーロッパだけでなくアメリカでも一躍有名になった。

最後にみたのは「トリコロール三部作」だったか。その後、もう映画はとらない、消防士になりたいなどとこぼしていたという。いずれにせよ彼は「愛に関する短いフィルム」とともに私のこころに残りつづけるだろう。

某日

またも訃報。

ルネ・クレマン監督死去、享年八十二。

ルネ・クレマンと聞けば、私と同世代の映画好きはすぐに「太陽がいっぱい」（一九六〇）とアラン・ドロンを思いうかべるだろう。そのまえに「禁じられた遊び」（一九五二）があった。ドイツ軍占領下の鉄道員のストライキを描いたセミ・ドキュメンタリーの「鉄路の斗い」（一九四五）もあった。イエペスのギターによる「禁じられた遊び」のテーマ曲は全国で大流行した。

某月某日

「戦後50年を見つめ536号「思想の科学」休刊へ」

朝日新聞の夕刊にこんな大見出しの記事。一瞬目を疑う。つい先日、分厚い特集号がとどいたばかりなのに。

記事は「思想の科学」の歴史をたどり「公称二万五千部、固定読者が多く経営的には安定していたが、戦後五十年を区切りとして休刊により、これまで時代にどう対応してきたかを省みる、としている」とつづく。

私が書いた535号は、では最後の打上げ花火みたいなものだったのか、と雑誌を取り出してきてながめる。

某日

広島の好村冨士彦からの手紙に、先日「思想の科学」に山田稔「Occupied Japan の青春」というのを見つけたが、あれは君ではないだろうなとある。同姓同名の別人と思っているらしい。

好村冨士彦は以前京大でドイツ語を教えていてそこで親しくなった。その後、故郷の広島に帰り広島大学を定年退職、いまはある私立大学で教えている。エルンスト・ブロッホ、ヴァルター・ベンヤミンなどの研究者だが私とはウマが合い、その後も文通をつづけている仲だ。ふだん私がふざけ好きで、クサイスキーなどと名乗ったりしているものだからこんな誤解をするのだろう。早速ペンをとり、あれは同姓同名ではなく正真正銘のクサイスキーこと山田稔である旨書き送る。

（参考までに「Occupied Japan の青春」を本稿の最後に再録する）

某月某日

午後二時半より「よむ会」第四一〇回例会。於・楽友会館。これが最後とあって出席者二十五名の超満員。東京から馳せ参じた阿部慎蔵、飲み物にお茶しかないと知って近くの酒屋からジョニ赤、ズブロッカ、それに氷まで買ってきて早くも飲みはじめる。「二次会は禁酒」と私が言っても間に合わず、仕方なく許可。ただし記録係の私は一滴も口にせず、最後の記録に専念する。

今日の演しものは正宗白鳥の『牛部屋の臭い』（一九一六）（報告者・小関三平）。最後の例会が正宗白鳥というのがこの会らしいか。

討論開始に先立ち、止むなく欠席の最古参会員飯沼二郎からの言葉を山田が代読。その最後、「よむ会が終ると思うととても淋しいです。私の長かった〈青春〉もこれで終りです」。これは皆の思いでもあるだろう。

さて討論。早くも酔っぱらった連中、多田道太郎の司会を無視し、声を大にしてわめく。牛部屋と牛小屋はちがうぞ。牛部屋の臭いを知ってるか？　その他、わいせつな発言頻発、記録不能。それでもこの小説は好評だった。

終了後、予定していた全員の記念撮影も忘れ、二次会場の川端二条下ルの赤垣屋へと急ぐ。

私の発声で「よむ会」の最後を惜しんで乾杯。

「山田センセ、泣かはるか思うてたけど泣かはらへん。笑うてばかりや」、「こんどのパーティーで泣かそ」。泣くどころか、やれやれ終ったとの安堵感のみだ。

好きなように飲み食いして一人五六〇〇円。三次会は川向こうのホテル・フジタのフウンジで。私はマルガリータなど飲み、十一時すぎ酔っぱらって帰宅。翌日二日酔、それでも夕方、伏字入りの最後の討論記録九枚を何とか書き上げる。

某日

「新潮」の編集者K氏より、私の「リサ伯母さん」が他の四篇とともに川端康成文学賞の候補に上っていて、三浦哲郎が推していると伝えてくる。三浦哲郎というのが意外だ。

後日、受賞は大庭みな子「赤い満月」に決まったと知る。大庭は賞の選考委員で今回で二度目の受賞。この賞は選考委員の間でたらい回しされているのではなかろうか。むかし私が芥川賞の候補になったとき、やはり大庭みな子の「三匹の蟹」に賞をさらわれたことを思い出し、なにやらおかしい。彼女と私は同年だが、何か因縁でもあるのか。

私の手許にはその大庭みな子の小説が数冊ある。いずれも堅固な函におさめられた立派な本だ。しかし内容は「三匹の蟹」以外はきれいさっぱり忘れている。はたして読んだのだろうか。

某月某日

夕方五時より荒神橋西詰のホテル・フジタで「よむ会」解散記念パーティーを開く。全員招待、費用は会負担とする。それくらいの「埋蔵金」はあるのだ。

出席者四十四名。進行係は安部政子。冒頭のスピーチで鶴見俊輔がこんなことを喋る。

この会の討論にはフーコーだのバルトなどの名が一度も出たことがなく、そのペダントリーのなさがよい。富岡多恵子の小説の討論中、飯沼二郎が作者に腹を立て、「飯沼さん、これ小説ですよ」と山田にたしなめられた、あれが最高、記録に残ると。*

＊『波うつ土地』のなかで登場人物のひとりが、有機農業の「野菜の会」への入会のすすめ方が新興宗教への勧誘の仕方に似ていると揶揄するところがあり、飯沼がけしからんと言って作者富岡に噛みついたことをさす。ただし、たしなめたのは山田ではなく本田烈。

その飯沼二郎の発声で、「会報」四百号を祝い、会の解散を惜しんで乾杯。後はスピーチはなしにして各自懇談。BGMは私の希望でヨハン・シュトラウスのワルツ。

膵臓癌で入院中の土倉九三が夫人の付添いで車椅子で参加。衰弱の色濃く、乾杯のさいに辛うじて立ち上り、それがすむと退席。別れぎわに私は彼の大きな手を握り、こう言うのが精一杯だった。「ながい間お世話になり、ありがとうございました」。会の最後に私が挨拶。長年会を支えてくれた会員および会の友に感謝のことばをのべる。その後で、会からの赤紫のバラの花束を荒井とみよから手渡される。添えられたカードには、つぎのようにしるされていた。

「小説をよむことのたのしさと苦しさと退屈さと気むずかしさをたんのうしました。長いことご苦労さまでした。名残り惜しいエピローグを祝って。よむ会一同　1996・5・4」

たしかに、たのしいことばかりではなかったのだ。

二次会は二階の別室で三十七名が参加。大テーブルをかこみ全員がしゃべる。九時半ごろいったんお開きとし、さらに数名、地下のバアで夜半すぎまで。

やれやれ、やっと終った。足かけ三十八年間、まあよく保ったことよ。

外は雨。

後日。

先日のパーティーの余震というかゆりもどしのように、忘れていた二次会のことがふとよみがえる。どんな話の流れのなかだったたか、会のことにかんして多田道太郎が

「ぼくが織田信長としたらヤマダくんは豊臣秀吉や」と言った。最後まで高みから評論家のような口を利いていい気なもんだ、では明智光秀は誰ですかと問い返せばよかった。……

いや、もう済んだことだ。

某日

大学を辞めたときと、「よむ会」を解散したときと、二度停年退職したような気分だ。しばらく前に「ＶＩＫＩＮＧ」もやめている。もう何の束縛もなく、さばさばとして、妙な浮遊感のうちに時が流れてゆく。

某日

午後、市のコンサートホールへ、トム・コープマン指揮のアムステルダム・バロック・オーケストラおよびバロック合唱団によるコンサートを聴きに行く。Ｓ席一万円。プログラムはモーツァルトの交響曲四十番とレクイエム。とくに後者がすばらしかった。

これらの曲にはそれぞれ思い出がある。貧しい学生時代、「四十番」のレコード（SP盤）を持っている杉本秀太郎の古い町家に二、三の友人と上りこんで、この曲を聴かせてもらったものだ。みな神妙な面持ちで聴き入った。何度もくりかえし聴いた。

「レクイエム」の方は若いころ、そのなかの「サンクトゥス」を大学の職員混声合唱団で歌ったことがある。初めて生演奏で聴いたのは三十年ほど前、パリのサン＝ジェルマン＝デ＝プレの教会で、たしか復活祭のころだった。終ったとき誰も拍手をしなかった。わずかに席を立つ音、しのびやかな足音だけが高い天井に散って、人々は敬虔な面持ちで黙々と帰って行った。

ここ日本のコンサートホールでは、演奏が終ると聴衆は盛大な拍手で指揮者を二度も三度も舞台に呼びもどす。あさましいほどだ。

会場を出て、まだ明るい夕暮れのなか、〽サンクトゥス、サンクトゥスと口ずさみながら二十分ほどゆっくり歩いて帰る。

某月某日

「没後二十五周年を記念する高橋和巳を偲ぶ会」（呼びかけ人　埴谷雄高・坂本一亀・川西政明）に出席のため上京。

午後二時より原宿の南国酒家で。会費八千円。

五十名ほどの出席者がいくつもの円卓に分かれて着席。私は三枝和子、柴田翔、高田宏、寺田博、清水勝らと同席となる。他に作家たちの顔は見かけない。一卓を「対話」の同人らが占めていて、福田紀一はその席へ。高橋和巳は東京の作家のなかに友人をもっていなかったようだ。柴田翔は晩年の季刊同人誌「人間として」の仲間にすぎなかっただろう。小松左京らの姿もない。高橋が師と仰いだ埴谷雄高も病気で欠席。坂本一亀の発声で献杯。この会をもって高橋関連の集まりは終りとする旨告げる。全員にマイクを回してのスピーチ、そのトップに突然指名され、慌ててしまい何をしゃべったか憶えていない。

もはや高橋の文学について云々する者はいない。ただひとり柴田翔がまじめな口調で、高橋和巳は文学キャリアの第一期を終えたところで死んだといったことをしゃべる。

享年三十九は早すぎる。たしかに「第一期」である。その第一期のおのれの文学を

「解体」した後に、彼がどんな小説を書いただろうか、私の関心はそこにある。

川西政明の話によると、河出書房新社から文庫の形で高橋和巳全集が出るが、推薦人は島田雅彦のほか坂本龍一、小池真理子らが名を連ねると。ちょっと意外である。各巻の解説は高橋たか子（当日欠席）のつよい要望で全員女性にきまった由。いま文庫判の全集で高橋和巳を読むのは、どんな人たちだろう。若い女性に読まれることを高橋たか子は期待しているのか。

一卓を占める松江高校（旧制）同級生らが「作家として青春のさなかに逝った高橋のために」と前おきして「青春の歌」を合唱。これも高橋和巳だ。

二次会は近くの地下の居酒屋で坂本、寺田、金田太郎（河出）、福田らと。坂本一亀の打明け話。――高橋を京大に招くに当り多田道太郎が「大先生方」の使者としてやって来て、高橋を「女」と別れさせてくれと頼んだ云々。

こんなこぼれ話を聞いているうちに時は過ぎ十時を回る。日帰りのつもりだった福田、あわてて電話で宿を探し、やっとグランド・パレスに部屋がとれる。

坂本一亀が病身ながらも律儀に最後まで付合ってくれる。彼とはこれが最後となる。

その後、福田に引っ張られて彼のホテルに行き、最上階のバアで飲む。すでに泥酔状態でもう飲めないのに、福田が高級な葡萄酒をボトルで注文しようとするのを制止、ビールにする。

「しんどい会やったなあ」

「高橋には苦労させせられるねえ」

「ほんまに」

私は（たぶん福田も）以前の『悲の器』文藝賞受賞祝いにまつわるいざこざを思い出していた。だがこうぼやきつつも、二人とも高橋和巳を若き日の仲間として懐しがっているのだった。

夜半すぎ、まだ飲もうとする福田を制し、足もとのふらつく彼を抱きかかえるようにして部屋に連れて行く。

後日とどいた葉書によると、彼は二泊したそうだ。たぶん翌日昼すぎまで寝ていて、また飲んでつい二泊となったのだ。まったく高橋和巳は二日酔するよ。グランド・パレスは一泊いくらか知らないが、よく金があったなあ。むかし福田は男は外に七人の敵がいる、一人につき一万円として家を出るときは軍資金七万円財布に入れておくのだと豪語していたものだが。いや、いまはカードがあるか。

某月某日

東京・六本木のシネ・ヴィヴァンでケン・ローチ監督の「ケス」をみる。じつはこの映画、昨年の京都・映画国際フェスティヴァルのケン・ローチ特集に含まれていたのだが、他の予定と重なり見のがしたのだった。

「ケス」（一九六九）は、ケン・ローチ初期の作品だが、事情により今回が日本初公開、しかしその前に「少年と鷹」の題でテレビで放映されていて、前評判が高いと聞いていた。それで少し早目に出かけたのだが、上映開始二十分前にすでに番号札は九十四番、ロビーは人で一杯。それでも辛うじて最後列の正面にいい席がとれた。

映画の舞台はイングランド北部のヨークシャーの小さな炭鉱町。そこに住む十五歳の少年ビリーは家が貧しく、朝早く新聞配達をしながらよその家の牛乳を盗んで飲んだりする。勉強嫌いで、学校では先生からも生徒たちからも馬鹿にされ、家では炭坑で働く気の荒い兄からいじめられる。

ある日、彼は近くの森の古い僧院で鷹（ケストレル）の巣を発見、その鳥の飼育書（これも万引きした）を参考にひなの餌付けに成功、ケスと名づけ、家の小屋で飼う。

学校からもどると彼はケスを連れて草原へ行き空に放つ。しばらくして「ケス！」と呼ぶと、鳥はもどって来て彼の肩にとまる。ビリー少年が他の一切を忘れ、幸せにひたることができるひとときだ。

ある日、学校で先生から何か話をするよう言われた彼は黒板の前に立ち、いかにしてケスを飼育したかを誇らしげにこと細かく語ってきかせる。後で先生からケスを見せてくれとたのまれたビリーが家に帰ってみると、ケスがいない。買っておくよう言っておいた馬券をビリーが買っておかなかったため大損したといって、腹立ちまぎれに兄が殺してしまったのだ。

最後のところ、ビリーが土に穴を掘ってケスの遺体を埋めるラストシーンがつよく印象に残る。思い入れもなく、跡切れるようにふっと終るのだ。

これは少年と動物との心温まる友情の物語などといったものではない。情緒を極力排除した演出がすぐれている。教室でビリーがケスの話をするときでも、フラッシュバックで草原での情景を写し出したりはしないのだ。

見終った後、私の胸のうちで少年と鷹は一体化して、少年の名はビリーでなくてケスで、そして胸のうちで「ケス」とよぶと少年時代の私自身が舞いもどってくるような妙に懐しい気分にひたり、しばらく動けない。

ビリーを演ずるデイヴィッド・ブラッドリーはロケ地の学校の生徒のなかから選ばれたズブの素人だそうである。

ケン・ローチの作品はこれからいくつもみるだろう。だが彼のベストワンは「ケス」、そう決めた。

某月某日
「あしながおじさん、こんにちは、お元気ですか」。こう始まる長文の手紙がとどく。例の水色のポーペンで横書きでぎっしりと。それによると彼女（Kさん）は今年二回「救急車の世話」になったそうな（どんな病気かは書いてない）。それで、この一年間いちども映画館に足を運べず、つまらなかった。自分の映画好きは父親の影響で、子供のころから父に連れられて映画館に行き、その後でおでん屋で酒を飲むのにも付き合わされた。自分の酒好きはそのせいかもしれない。今でもくさくさすると娘と一緒にビールを飲む。体のぐあいでかんビール一本だけ。早く元気になってまた映画館に足を運びたい。この手紙は病院へ行く途中でポストに入れる。「お手紙くださいね、映画の話きかせてくださいね。あしながおじさん、お手紙よんだら元気がでます。バイバイ」

読みおわってしばらく考えこむ。

某月某日
午前十時三十分関西空港発のマレブ・ハンガリー航空のチャーター便で「チェコ、ハンガリー古都の旅」に出発。航空会社の特別企画で二十名限定の小グループの旅である。ブダペスト三泊後、ハンガリーの田舎めぐりで二泊、スロバキアの首都ブラチスラバに一泊後、チェコの田舎の町を見物してプラハへ。三泊してブダペストにもどりさらに一泊、帰途につく。私にとってははじめての東欧だ。

参加者は私のほかはみな上品な初老の夫婦連れのようだ。

ハンガリーでのガイドはリタさんという五十年配の愛嬌のある女性で、日本語が大変うまい。ガイドの経験も豊富のようだ。単身参加の私に気を遣い、ツアー途中の自由時間に話相手になってくれた。

ブダペストでは大衆浴場を体験した。地方めぐりではハンガリーのベルサイユと称せられる、エステルハーザ宮殿を見学。ここはハイドンが宮廷音楽家として招かれ三十八年間つとめたという場所だ。

途中、天気が急変して小雨、冬のような寒さにふるえながらの観光となる。チェスキー・クルムロフ、ショロンなどチェコの田舎町をめぐり、車中流されるスメタナの「モルダウ」の調べを夢うつつにききながら大きな黒い森のなかをバスで走りに走ってやっとプラハへ。

プラハ。さいわい雨は止む。「黄金の小路」二十二番地、カフカが住んでいたという家は、いまは絵葉書などを売る小さな土産物屋になっている。

自由時間にオプションでドナウ川クルーズというのがあるが私は加わらない。リタさんが市内に大きなユダヤ人墓地があるから行ってみるようにすすめてくれる。鬱蒼たる樹木に覆われた広大な墓地だった。人気はなく、わずかにひとり、墓を探しているらしい黒衣の老女の姿を見かけただけだ。

夕食を一四九九年創業を誇る大きなビアホールでとる。少しおくれて、やはり二十名ほどの他の団体客が入って来る。男は老人が二、三人、他は中年の元気いっぱいのおばちゃんたち。にぎやかである。すると、小さな楽団の奏でる音楽の調べがラテン調に変る。おばちゃんたちはサービスとして供せられるアペリチフにわれ先にと手をのばす（日本人団体は誰も飲まない、私以外は）。つぎにビールを飲み、はや酔っぱらったようだ。やがて楽団が「シェリトリンド」を奏ではじめる。するとおばちゃんたちの大合唱、踊り出すものも出てくる。男が足りないので日本人の席までやって来て、男性にむかって一緒に踊ろうと誘う。言葉はスペイン語のようだ。かなしいかな、日本人で応ずる男性はいない。

黒ビール、さすが自慢するだけあってうまい。ジョッキ二杯でやめておく。

その後、ブダペストにもどり、リタさんと再会。空港で名残を惜しみつつ別れる。帰国してから何日か経って、手紙を添えて旅の写真をリタさんに送る。すると三カ月ほど経って礼状がとどいた。透かし模様入りの和紙の便箋に、黒い小さな字で二枚半にわたってたてに書かれている。字の大きさがみごとに揃っていて、最初は手書きかと感心したが、よくよく見るとやはり書き文字書体の和文タイプライターのようだ。ペン習字のお手本どおり。文面も「拝啓」ではじまっている。

彼女はあの後、二カ月ほど日本に行ってきたらしい。京都へ行けなくて残念だった。いま（九月）ハンガリーは花粉症で大変だ。十一月に東京のサントリー・ホールでブダペスト祝祭管弦楽団の演奏会があるので機会があればぜひ、などとあり、最後に「お体にくれぐれもお気をつけてください。敬具」とあった。「拝啓」にはじまり「敬具」でしめくくるところも手紙文のお手本どおり。便箋の最後の余白に朱肉の印が押してある。「梨多」と読めた。

某月某日
午後、土倉夫人より九三氏死去の電話。葬式は本人の遺志により行わない由。享年七十五。先月、入院先の病院で眠るように息を引きとった。膵臓癌が肝臓に転移していたが最後のころは痛みはなかったそうだ。よかった。先日の「よむ会」解散パーティーで別れの握手をしたさいの、大きな手の感触がよみがえる。「よむ会」の終焉に合わせるような最期。荒井とみよさんに電話で知らせると、彼女も宿命的なものを感じると言った。

某日
飯沼二郎さんから、京大病院に入院、「腸が破れたので縫った」ので会報合本は取りに行けないとの電話。

夜、福田紀一からも電話があり、北川荘平が脳梗塞のおそれがあり検査入院したことを知らされる。

某月某日

大谷大学の荒井研究室に会報の合本を取りに出かける。上下二巻で一セット、その四セット入りのケースを寄贈用のものをふくめ三ケース、タクシーで家に運ぶ。

荷を解き、ずっしりと重い合本を机にのせ、青緑色の表紙の中央に「日本小説を読む」と黒々と記された富士正晴の筆跡をしばらくながめる。

夜おそく杉本秀太郎から電話。「合本できたよ」と私が声を弾ませるのを聞き流し、「本田がね」と、再入院していた本田烈の病状を伝えはじめる。一時、元気になって「よむ会」にも顔を出していたのに、その後食道の癌が口腔に転移、京大病院で手術。舌の奥の方を切り取り、その部分に腕の付け根の皮膚を移植、舌が大きく腫れ、口一杯になっている、歯も九本抜いた等々と、ふだんは口の重い彼が、数分間絶え間なくしゃべりつづける。電話が終ってしばらくは暗然たる気持にしずみこむ。

某日

気温三十七・七度。午後三時、「よむ会」会員たちが荒井研究室に合本を受け取りに集まってくる。ひとり一セットはただ、みな二セットは受け取る。各巻六百ページ、それが上下二冊で一セットだから二セットでは相当な重さだ。みな近くのコンビニから宅配便で自宅に送る手続きをする。また手の空いた人は寄贈分を発送する作業を手伝う。荒井さんの教え子が大学の台車でコンビニまで運んでくれたので大いに助かる。

その間、私は近くの土倉事務所を弔問に訪れ、土倉九三氏の霊前に合本を供える。

夕方、作業を終えて赤垣屋で慰労会。集まる者十六名、伝染病O157をおそれつつ、何時ものように飲み食いする。最後に小島衛の提案で、こういう集まりを今後も年に一度もつことにきまる。

これでやっと全部終った。

某日

吉本隆明があやうく溺死をまぬがれたという記事を新聞でよむ。

同じころ渥美清、肝臓癌で死去。享年六十八。

隆明甦り寅さん逝く。

寅さんならぬ渥美清は不気味な暗さをかかえこむ人物だった。

某日
夕刊で河野健二の死を知る。膀胱癌、享年七十九。六月に癌とわかり余命半年か一年と知らされ、手術、抗癌剤等の治療を断り、天命として死を受け入れた由。このひとらしいと思う。

翌日一時半より岡崎天王町の岡崎別院での告別式に参列。杉本秀太郎、佐々木康之、黒田徹（母子）らに会う。供花、香典、弔電など一切お断りの、じつに清楚な式。焼香だけすませて帰宅。

翌日の京都新聞「天眼」欄に絶筆「言論の重み」が載る。

およそ四十年前、人文研の助手としてはじめて東一条角の人文研分館に出勤した日、桑原先生からまず挨拶しに行くよう言われたのが河野さんだった。

薄暗い二階の廊下に「河野助教授」と表札の出ているドアをノック、なかに入ると、机の前で本を読んでいた初老のひとが黒ぶちの眼鏡ごしにじろりと私の顔を見上げた。

「こんど助手になった山田です」と挨拶すると、

「きみはフランス革命に関心がありますか」と訊ねた。

「いいえ、とくに……」と率直に返事をすると苦笑して、

「十八世紀フランスの思想家たち、ルソーとかディドロは？」

と重ねて問い、「とくに……」とまた答えると、困ったなといった顔をして「ま、これから勉強して下さい」と言った。

気の毒だが仕方ない。私は小説家になりたいと思っていたのだ。

「初老のひと」と前に書いたが、河野さんは当時まだ四十前だったはずで、それでも髪に白いものが目立ち老成した印象をあたえた。長身痩軀、口数は少なくどこか古武士を思わせる風格をそなえていた。桑原先生の信頼も厚いように見えた。

だが真面目一方でなく、「日本映画をみる会」に入ったり、昼休みに一階のホールで若手助手らに混じってピンポンに打ち興じたりする、そんなさばけた面もあった。酒も好きだし、強い。

三高の文丙クラスで富士正晴と同級だったと知った私が「富士さんってどんなひとでしたか」と訊ねると、相好をくずし「ムチャな男でね」と言った。新婚早々のころ、百万遍近くの新居に夜おそく泊めてくれといってやって来たことがあるそうな。それでも憎めないやつといった風で、そのはるか遠いむかしの友情のおこぼれか、河野さんは不勉強な私にやさしく接してくれた。

河野さんは学生時代に俳句をやっていて、富士正晴編集の詩の同人誌「三人」のおわりごろ、同人にひっぱり込まれたことがある。同誌は俳句は載せなかったから、同人費が目当てだったにちがいない。

河野さんはどんな俳句をこしらえていたのだろう。告別式のとき参列者に配られた紙片に辞世の句が印刷されていた。三句あった。

深淵を前にたじろぐ蛙かな
大文字の一朶の花となりゆくか
一片の志哉　月を仰ぐ

某月某日

東京に行くと、宿で一休みした後まず神保町界隈の古本屋をのぞいてから、駿河台下の靖国通りに面したところにある映画割引券の店をのぞき、目下上映中の作品について調べることにしている。

今回は「イル・ポスティーノ」（監督マイケル・ラドフォード、一九九五）を見つける。今日は金曜日、第一回目は千三百円なので混むのを見越してすこし早めに日比谷のシャンテシネに足を運ぶ。ところがすでに長蛇の列。

チリの革命的詩人パブロ・ネルーダが軍部独裁政権樹立と同時に亡命し、イタリアのナポリ沖の小島の小高い丘に住むようになる。彼のもとに毎日とどく膨大な数の郵便物のために雇われた郵便配達人《イル・ポスティーノ》のマリオ。無学無教養なこの若者が毎日のように世界的な詩人と言葉をかわしているうちに詩に、自然の美しさに目覚めていく。そしてついにある日、憧れる島の娘、彼の〈ベアトリーチェ〉に捧げる詩を書いてほしいと詩人に頼み、あっさり断られる。

落胆したマリオががっくりと肩を落とし、チップはいらないと手を振り、詩人に背を向けて丘を下る。そのときの仕ぐさ、情ないような、悲しいようなそれでいてどこか滑稽な表情に感動した。

じつはマリオ役のマッシモ・トロイージは撮影のとき病気で弱り果てていて、一日に二時間しか撮影できず、撮影終了の翌日に死亡したそうだ。しかしこの映画全体からうけるひどく寂しく悲しい印象は彼のおかれていた病気という特殊な肉体的条件をこえて、もっと深い、なにか人間のもつ根源的な寂しさ、悲しさ、やさしさ、そしてもひとつ付け加えるなら滑稽さ、そうしたものから生じているように思われるのだった。

ネルーダを演じるのはフィリップ・ノワレ、あの「ニュー・シネマ・パラダイス」の映写技師。しかしこの名優もここではトロイージにはかなわない。

監督のマイケル・ラドフォードはイギリス人で他にも何本か撮っているが、知られているのはこれだけのようだ。それで十分である。

先日みた「ケス」もよかった。「イル・ポスティーノ」もそれにまけない。「よかった！」、これだけで十分な作品だ。

某月某日

二至村菁『エキリ物語』（中公新書）の広告を見て早速買う。

エキリ、懐しい。いや、私には「エキリ」でなく「疫痢《えきり》」、ルビ付きの漢字だ。子供のころ家庭医学の書「赤本」でおぼえたこの二つの漢字。

一夜のうちに幼児の命を奪い去るので「はやて」ともよばれると書いてあった。その「はやて」が夜の魔王のようで怖かった。ちょっと腹を下すとエキリでは？　とおびえた。

「赤本」(『家庭に於ける実際的看護の秘訣』初版大正十四年)の著者、海軍看護特務大尉築田多吉の説明では、疫痢菌は大腸菌説と赤痢菌説に分れていて正体がまだ見つかっていないとされていた。

『エキリ物語』は、その謎の菌を追跡する話である。戦後、アメリカ進駐軍GHQ内部の医学班はこの不思議な病気のことを知り、日本人医師とエキリ調査団を組んで謎の解明につとめる。その調査報告書が本書である。じつに詳細な記録だが、一方エキリ菌を犯人とする推理小説のようにも面白く読める。結局は「エキリ菌はやはり原因も消滅の理由もわからない謎の病気です」となるのだが。この点ではむかしの築田多吉の説は正しかったことになる。

だが完全に消滅したのではない、まだどこかに潜伏して、姿を変えつぎの機会をうかがっている、まるで怪人二十面相のように……。

こんな面白い医学書を著した二至村菁とはいかなる人物か。奥付の紹介文によると、にしむら・せい（本名西村康子）は一九四七年に京都に生まれる。アメリカで生物学、化学、遺伝学を学んだ後、同志社大学文学部で国語学を研修、さらにカナダのトロント大学で日本文学、日本史を学び、現在は同大学の研修員。まるでご本人が怪人二十面相のような方だ。

某月某日

朝日シネマでベトナム映画「シクロ」（一九九五）をみる。監督は昨年感動した「青いパパイヤの香り」のトラン・アン・ユン。

舞台は現代のホーチミン市。そこでシクロ（輪タク）の運転手をしている若者がヤクザの組織に引き込まれる。その彼と、貧しさゆえに売春をする姉、虚無的な〈詩人〉、この三人がからむ話だ。シクロをこぐ若者、靴みがきの子供、片脚のない（ベトナム戦争で失ったのだ）流しの楽師。これら現代ベトナムの街頭風景を見ると戦後間もない日本を思い出し胸をうたれる。一方、あの「青いパパイヤの香り」のものしずかな女性監督がここでは別人のように、思わず目をつむりたくなるような残忍なヤクザ仲間の暴力シーンをたっぷり見せてくれるのだ。ヴェネツィア国際映画祭グランプリ。

某日
新京極の美松映劇でアントニオーニの「愛のめぐりあい」をやっている。
ミケランジェロ・アントニオーニ、久しぶりだ。もう三十年ほども前になるか、「現代人の愛の不毛」を描く「情事」(一九六〇)、さらに「太陽はひとりぼっち」(一九六二)で一躍有名になった(原題の「日蝕」(*L'Eclipse*)をこう訳した配給会社に脱帽)。アラン・ドロンと共演のモニカ・ヴィッティという女優を私はこの映画ではじめて知った。
ところでこの「愛のめぐりあい」(原題「雲のかなた」)、ベッドシーンのはげしさゆえに映倫によって修整を求められ、それを不服とする会社側の要求でやっと無修整完全版がR指定で公開されたといういわくつきなのだ。さぞ混んでいるだろうと思っていたが、私がみたときは前評判にもかかわらず観客は十名ばかり。

アントニオーニは短篇小説も書いていて、そのうちの四篇をもとにこの脚本をこしらえたそうだ。四話から成るが、問題は第二話。ソフィー・マルソーとジョン・マルコヴィッチのはげしいベッドシーン。チラシに曰く。「ソフィー・マルソーのあまりの美しさには日本の映倫も完敗!」、だが観客の方は敗けてはいなかったようだ。もはや女の裸体、ヘアで客を呼ぶ時代ではないのだ。

某月某日

マルセル・カルネ死去、享年八十七。

「霧の波止場」(一九三八)、「嘆きのテレーズ」(一九五二)は知らずとも、映画好きのひとなら「天井桟敷の人々」(一九四五)だけはみているのではないか。この一作で彼は映画史上に名の残る監督となった。ジャン゠ルイ・バロー、アルレッティの名とともに。

そうだ、古くは「ジェニイの家」(一九三六)もあった。あのフランソワーズ・ロゼエはすばらしかった。ずっとコンビで脚本をかいた詩人ジャック・プレヴェールの存在も忘れられない。

某月某日

夕方、祇園の「いもぼう」へ。有名な店だが入るのは初めてである。入口が小さいわりに奥は広く深く、いかにも京都的な店構え。

天野忠死後三年目の集まり。出席者二十八名。その大半は近江詩人会の会員らしい。私は涸沢純平と並んで末席にすわる。司会の大野新に指名され、献杯の音頭をとらされる。

今日の会にちょうど間に合った天野忠最後の随筆集『草のそよぎ』(編集工房ノア)が涸沢純平より披露され、希望者に販売される。

私の嫌いな全員にマイクを回してのスピーチ。

秀子夫人はますます元気そうに見える。顔がふっくらと若返り、生き生きしている。晩年、車椅子生活がつづいた老詩人の介護から解放されたということもあるだろう。以下夫人の談話より。

天野さんは食べ物の好き嫌いがひどく、毎日の献立てにひどく苦労した。肉も魚も野菜も嫌い、果物までも(では一体何を食べていたのだろう。豆腐、お揚げ、卵?)。

甘いものが大好きで、亡くなる前の日、ぜんざいが食べたいというので缶詰のものを出したら「うまい、うまい」とよろこんだ。天野さんの甘党ぶりは有名で、ある随筆で饅頭について蘊蓄を傾けて語っている。

自分の書いた詩は見せてくれなかった。「見せて」とたのむと「検閲する気か」とにらまれ、詩集になるまで見せてもらえなかった。

天野さんは日ごろ「しょうびんな」という言葉をよく使っていたそうである。「しょうびん」は漢字では「小鬢」と書く。「貧相」という意味らしい。その「しょうびん」な人とはどんな人かと訊ねると、大阪のかまぼこ屋の詩人清水正一の名を挙げた。

会のおわりごろ、今後も年に一度こういう集まりをもちたいが何か名称はないか、たとえば「……忌」のようなといった話になる。天野さんなら『動物園の珍しい動物』にちなんでさしずめ「クラスト忌」かと思うが、そんな通俗は粋を好んだあの詩人にふさわしくないと思うと私が意見をのべ、結局「天野さんの会」というのに落ち着く。

家に帰ってから『草のそよぎ』に目を通す。これは「遺稿未発表生原稿から収めたもの」で、長短九十三篇から成る。

ざっと目を通していると「困ったもの」と題する散文にそれが出てきた。「困ったもの」とは「死」のことで、いままで親しくしていた人が急にいなくなるということが「頭ではスッキリとは割り切れない。困ったものだ」とあって、しばらく前に七十二で死んだ清水正一の名前が出てきた。三度しか会ったことのない、「私の頭の中では、あのしようびんなうつむき加減のカマボコ職人で詩人でもあった清水正一は、ボソボソといつまでも何かを呟いて生きている」、それがふしぎと。「少鬚」という漢字は出てこない。

相手のうちに自分の姿を見る思いでこのダンディーな老詩人はこう書いたのではあるまいか。

某月某日

みなみ会館でテオ・アンゲロプロスの「ユリシーズの瞳」（一九九五）をみる。名作「旅芸人の記録」（一九七五）以来、私がみつづけているギリシャの監督の最新作。「旅芸人の記録」の四時間ほどではないがこちらも三時間の長篇、したがって筋も簡単ではない。へたな説明をして間違えると、また「本当に御覧になったのですか」とお叱りをうけぬともかぎらない。そこでチラシの解説を参考にざっとまとめるとこうなるか。

二十世紀初頭に作られた最初のギリシャ映画三巻が、百年後のいまも現像されぬままどこかに眠っているそうだ。その幻のフィルムを探し求めて映画監督のA（アンゲロプロスの頭文字）が現代のユリシーズさながら三十数年ぶりにギリシャに帰って来て、バルカン半島を北上、ルーマニアのブカレストへ、ついで生まれ故郷のコンスタンツァへと旅をつづける。そして最後、戦火のさなかのボスニア＝ヘルツェゴビナのサラエボへ。旅路は何度も脇道へ逸れ複雑になる。そこに四人の女が現れたり消えたりするからまたややこしい。

さてサラエボに着き、そこの映画博物館で幻のフィルムが見つかる。だが現像してみると、映しだされたのは白い光だけだった。……

途中、印象ぶかいシーンがいくつもある。たとえば荒涼たるバルカン半島の自然風景。しかし私がもっとも打たれたのはつぎのシーンだ。打ち倒された巨大なレーニン像がルーマニアのコンスタンツァからドリナ川を船に積まれて運ばれて行く。ドイツの金持のコレクターに買われたのだ。それを黙って見送る川岸の住民たち、十字を切る者。まさに現代史の一こまを見るようで、ふかい感銘をうけた。
出演者の映画監督Aに扮するのは「ピアノ・レッスン」、「スモーク」のハーヴェイ・カイテル。母がルーマニア人、父がポーランド系の彼は「これこそ私の生涯の映画だ」と言ったそうだ。四人の女をひとりで演じ分けるのは「ルーマニア演劇界を代表する大女優」のマヤ・モルゲンステルン。三時間の長さを忘れた。

某月某日
小沼丹、肺炎のため死去。享年七十八。本名が救《はじめ》であることを知る。
私は初期の「村のエトランジェ」のような小説仕立ての作品でなく、後年の『懐中時計』、『小さな手袋』などにおさめられた随筆風の短篇を愛読している。彼は早稲田大学の英文学の教授だったが、教室ではどんな教師だったのだろう。案外、不愛想だったのではないかしらん？

某月某日
ウィリアム・サローヤンの『ワンデイ イン ニューヨーク』（新潮文庫）が訳者の今

江祥智から送られてくる。何時だったか、ある会合で会ったさい、私がサローヤンが好きだと言ったからだろう。

この小説は以前（一九六六年）荒地出版社から出た大橋吉之輔訳の『人生の午後のある日』で読んでいる。原題は *One Day in the Afternoon of the World*。肝腎の Afternoon 以下を省いて「ワンデイ イン ニューヨーク」では軽すぎる。骨抜きだ。もうこれだけで訳文もこの程度かとつい偏見をいだいてしまう。

この小説のなかに私の好きな忘れ難いエピソードがある。

ニューヨークに住むポーランドのゲットー出身の老作家についてその娘が語る、母から聞いた思い出話。

あるとき、ニューヨークに住むルーマニア系ユダヤ人の作家志望の青年が父を訪ねてくる。何時間も話しこんだ後、帰りしなに彼はまた来てもいいかと訊ねる。すると父（老作家）はやさしい声でつぎのように言いきかせる。

「ねえ、きみ、作家になりたいと思うなら、もう二度とここにきてはいけないよ。たまたま通りで会ったとしても、わたしに話しかけてはならんのだ——わたしみたいに、ただうなずいて微笑すればいいのだ。きみがものを書きたいというのなら、われわれは丁重にして誇りある仇敵同士でなければならぬのだ。創作に興味がないというのなら話は別で、いつでも遠慮なく好きなときにやってきたまえ」（大橋吉之輔訳）

その後何年かたったある日、母親（つまり老作家の妻）は街で、いまや新進作家として売出し中の派手な恰好をしたその若者に出会う。

彼には相手が誰だかわからない。やっと思い出したころ母が、その後あなたは何か書きましたかとたずねると、彼はショックをうけたように見えた。家に帰ってその話をすると皆大笑い。しかし父（老作家）だけは笑わず「そうだな、ほんとうだ、やつは書いたっけ」と言ったので、母がひっくり返るように笑った。

何度読み返してもいい話だ。

いま私は六十五歳、すでに還暦をすぎ、いままさに「人生の午後」のなかにいる。

某月某日

夜、久家義之から電話。任地のポートモレスビーから一時、大阪の堺の自宅に帰って来ているらしい。むこうでレニ・リーフェンシュタールに会ってすこししゃべったと言う。

「えっ、まだ生きてたの？」

「生きてるどころか九十四歳で元気、近くの海にスキューバダイビングをしに来ていましたよ」

長寿の秘訣を訊ねると、自分の生涯は苦難の連続だった、それをひとつひとつ乗りこえる力が自分をここまで生きさせたのだと答えたそうな。

昨年、京都の国際映画祭でみたレニ・リーフェンシュタールのドキュメンタリー映画を思い出す。「意志の勝利」、彼女はまさにその権化だ。

某日
マルチェロ・マストロヤンニ死去。肝臓癌、享年七十二。
彼の名は日本ではフェリーニ監督の下で撮った「甘い生活」（一九六〇）（カンヌでグランプリ）で一躍有名になった。共演のアニタ・エクバーグと服を着たまま池のなかで抱き合うシーン。しかし私にとっては何よりも「8½」、「特別な一日」の彼だ。「黒い瞳」、「みんな元気」だ。そのほか「マカロニ」、「スプレンドール」……。フェリーニ、デ・シーカ（「ひまわり」など）、スコーラ、トルナトーレなどの監督の作品が多かったように思う。

悲劇を演ずればどこかおかしく、喜劇を演ずればどこか悲しい。マザー・コンプレックスをかかえいつまでも成熟しきれずにいる男の甘えのようなもの。

マストロヤンニについてはもうあちこちでのべたのでこれ以上は書くまい。すでにフェリーニ逝き、いままたＭ・Ｍ逝く。これでシネマの一つの時代、私のシネマの時代がおわった。

ちょうど一九九六年も年末をむかえる。

この一年でみたもの四十八本。五本を挙げるとすれば「ケス」、「イル・ポスティーノ」、「ユリシーズの瞳」、「ビフォア・ザ・レイン」、そして「シクロ」となるか。

これをもって私の「シネマのある日常」も予定どおり幕を閉じる。ここまで付き合って下さった方々に感謝する。

*

Occupied Japanの青春——江成常夫『花嫁のアメリカ』（一九八一年、講談社）

表題の「花嫁」とはアメリカ進駐軍の兵隊と結婚して渡米した、いわゆる「戦争花嫁《ウォー・ブライド》」をさす。「あとがき」によると江成氏はこの言葉を口にしただけで取材を断られたことがあるという。かつて彼女たちに投げかけられた日本人の侮辱の視線、「パン助」という言葉すら思い出さずにはいられないからだ。

大半は米軍キャンプ周辺の店で働いていたとき、あるいは友人に紹介されて相手を知った。デート——映画、ダンス、食事。その後は「急行列車みたいに進んで」、親には内緒で結婚。英語が全くわからない。二度目のデートで「ペーパー」を見せられ、翻訳の店でたずねたら結婚申請書だった。牧師に「ジャストセイアイドゥ」と言われ、何が何やらわからぬまま「アイドゥ、アイドゥ」と言ってキス、それで結婚式はおわり。記念品に「女性用の避妊具」をもらった。それなのに彼女たちは次々と子供を産む。

何でも「オーイエス、オーイエス」でけんかにもならない。アメリカ人は「アイ・ラブ・ユー」の意味に×印を使うと聞いて、手紙にはいつも「××……」を書いた。こんなエピソードもいまでこそユーモラスに思えるのだが。

人種の壁は言葉のそれよりもさらに厚い。戦後間もない日本社会でのことだ。相手か黒人兵であれば肉親のショックの大きさは想像に余るものがある。しかし彼女たちは「好きになってしまえば、色は違っても心は同じ」と考える。そう考えることと実行に移すことの間に、どれほどの勇気が要ったことだろう。こうして渡ったアメリカにも人種差別はあって、黒人の夫だけでなく「ジャップ」の自分も差別される。そんな「花嫁」を、家は貧しくても自分たちには「ミリオンの愛」があると温く迎え入れてくれた黒人の両親もいた。

彼女たちの決断をうながし、あるいはそれを容易にしたのは生活の貧困、悲惨、それゆえにいっそう美化されて映るアメリカの豊かさであった。サイパン戦の生存者、長崎の被爆者、大阪の戦災孤児、そうでなくてもみな貧しい。まれに横須賀の二代目市長の娘、ご飯炊きも知らぬ良家のお嬢さんというのもいるし、成功談もなくはない。しかし多くは貧困が貧困を、不幸が不幸を呼ぶ。最初の夫に自殺され、再婚した相手はベトナム戦争でアル中になり廃人同然で離婚した。あるいは食べものに窮し、夫の留守中に食事に招かれて行った友人の家で二度目のとき、七つの女の子から「おばさん、どうしてうちに来るの。ただで食べられるから？」とたずねられた。

もっとも悲惨なのは、別居と決まり家を出て行く夫の車にとりすがり、ドアに指を挟まれ車に巻き込まれて二児を遺して死んだ「小柄できれいな人」（友人の談話）のケースだろう。母親と姉妹が日本からやって来るが、土葬なので遺骨を持ち帰れない。埋葬のとき母親がつぶやく。「自分で選んだ道なんだから仕方がないわね」。それは「花嫁」のひとりひとりが何度もみずからに言い聞かせた文句だ。そのうち日本に帰っておいでと肉親から言われても「日本を捨てた人間が、年を取ったからと言って、のこのこ帰るわけにもいきません。そのときには灰にして海にまいて」、こう語るのは七歳のとき料理旅館に貰われて行った東北の貧しい家の女性である。

九十一名の「花嫁」が一人平均二段組みで三ページ分しゃべる。語弊をおそれずに言えば、不幸な人ほど話がおもしろい。ひとつひとつの事実が重いのである。どの話も、全心にガラスの破片のように突き刺さっている無数の苦難のディテールによって輝いている。この重み、この輝きこそ現在の日本の文学から失われたものだ。

いまから数十年前「国際化」の必要がさけばれはじめるよりずっとずっと前に私とほぼ同年の、「敗戦と青春が重なった」世代の日本人女性の一部が男性への愛情とおそらくは無知の力によって国を捨て純潔の偏見を打ち破って、いわば国際化の先兵となった、などと書いたところで空しい。この本を読みおわってまず感じたのはさかしらな論評を加えるかわりに、このなかの一篇でもそのまま転載できればいいのにということだった。この書物が目下入手不可能になっているだけになおさらそう思う。*ある一篇のせめて冒頭の一節だけでも引用しておく。

髪の毛を長くしてちょっとおしゃれしてたせいか、「(女優の)リタ・ヘイワースに似ている」なんて言われて、そのうちだれとなく「リタ」って呼ぶようになったんです。焼け野原の名古屋に進駐軍が入ってきて、中心街の大和ビルが第五空軍の司令部に接収され、そこにタイピストで勤めたころです。(以下略)(リタ・リチャードソン、一九二九年名古屋市生まれ)。

こんな風にして彼女たちの青春、Occupied Japanの戦後は始まったのである。それはある意味でまだ終っていない。

（「思想の科学」一九九六年四月号　特集「日本人のアメリカ体験」）

＊『花嫁のアメリカ』は二〇二二年三月、論創社から「完全版」として再刊された。

山田　稔（やまだ・みのる）
一九三〇年北九州市門司に生れる。京都大学でフランス語を教え、一九九四年に退官。
主要著書
『スカトロジア』（三洋文化新人賞）
『コーマルタン界隈』（芸術選奨文部大臣賞）
『ああ、そうかね』（日本エッセイスト・クラブ賞）
『北園町九十三番地　天野忠さんのこと』
『八十二歳のガールフレンド』、『マビヨン通りの店』、
『富士さんとわたし　手紙を読む』、『天野さんの傘』
『山田稔自選集』全三巻など。
翻訳書として、
ロジェ・グルニエ『フラゴナールの婚約者』（日仏翻訳文学賞）、同『チェホフの感じ』、アルフォンス・アレー『悪戯の愉しみ』、『フランス短篇傑作選』、エミール・ゾラ『ナナ』など。

某《ぼう》月《げつ》某《ぼう》日《じつ》——シネマのある日常
二〇二二年六月一日発行
著　者　山田　稔
発行者　涸沢純平
発行所　株式会社編集工房ノア
〒五三一—〇〇七一
大阪市北区中津三—一七—五
電話〇六（六三七三）三六四一
FAX〇六（六三七三）三六四二
振替〇〇九四〇—七—三〇六四五七
組版　株式会社四国写研
印刷製本　亜細亜印刷株式会社
© 2022 Minoru Yamada
ISBN978-4-89271-355-2
不良本はお取り替えいたします